Bah | Tres días en la arena

Fremdsprachentexte | Spanisch

Ibrahim Bah
Tres días en la arena

Herausgegeben von Eduardo Fresco Barbeito
und Lutz Walther
Mit einem Interview mit dem Autor

Reclam

Diese Ausgabe darf nur in der Bundesrepublik Deutschland, in Österreich und in der Schweiz vertrieben werden.

Venta autorizada únicamente en Alemania, Austria y Suiza.

RECLAMS UNIVERSAL-BIBLIOTHEK Nr. 14517
2024 Philipp Reclam jun. Verlag GmbH,
Siemensstraße 32, 71254 Ditzingen

Gestaltung: Cornelia Feyll, Friedrich Forssman
Umschlagabbildung: © LuckyTD / istock.com
Druck und Bindung: Esser printSolutions GmbH,
Untere Sonnenstraße 5, 84030 Ergolding
Printed in Germany 2024
RECLAM, UNIVERSAL-BIBLIOTHEK und
RECLAMS UNIVERSAL-BIBLIOTHEK sind eingetragene Marken der Philipp Reclam jun. GmbH & Co. KG, Stuttgart
ISBN 978-3-15-014517-3
www.reclam.de

Dedicado a todos mis compañeros de camino que quedaron atrás y no pudieron acabar su viaje.

Prólogo

por Gabriela Sánchez

Ibrahim Bah nos avisa una y otra vez: este no ha sido un libro fácil de escribir. No estamos ante un testimonio escrito desde la distancia de quien observa una herida ya curada, sino desde la angustia de quien aún prefería no mirar hacia un profundo dolor sin cicatrizar.

El joven, proveniente de una familia acomodada y estudiante de Derecho en Guinea Conakry, se ve forzado a huir y a emprender un viaje a Europa cargado de abusos, trampas y peligros. Quizá, descrito así por mí, parece una historia ya escuchada y publicada. Esa realidad migratoria a la que parecemos acostumbrarnos. Pero ahora nos la cuenta él, Ibrahim Bah, sin intermediarios ni adornos y apenas dos años después de su llegada a España. Sin más dramas que la realidad. Ibrahim parece convertir al lector en un amigo, como esa persona cercana a la que llama durante su periplo,

4 **el testimonio:** Zeugnis, Erklärung. | 6 **la angustia:** Angst, Beklemmung (*angustiar a alg.:* jdn. ängstigen). | 7 **sin cicatrizar:** nicht verheilt (*la cicatriz:* Narbe). | 8 **proveniente de:** (stammend) aus. | **acomodado/a:** wohlhabend. | 9 **Guinea Conakry:** Im Spanischen gebräuchliche Bezeichnung für das westafrikanische Land Guinea. Offiziell heißt es auf Spanisch República de Guinea. Conakry ist seine Hauptstadt. | **forzado/a:** gezwungen (*forzar* [o > ue] *algo / a alg.:* etwas/jdn. [er]zwingen). | 10 **emprender un viaje:** sich auf eine Reise begeben. | **cargar algo:** etwas (be)laden/(be)lasten)/anfüllen (*la carga:* Last, Bürde). | **el abuso:** Missbrauch. | **la trampa:** Falle. | 14 **el intermediario / la intermediaria:** Vermittler(in). | **el adorno:** Schmuck, Verzierung; hier: Beschönigung, Ausschmückung (*adornar con/de:* verzieren mit). | 17 **el periplo:** (Rund-) Reise.

cuando tanto necesitaba ser escuchado por alguien para quien sus problemas no le fuesen «indiferentes».

Hubo un tiempo en que Ibrahim Bah, ya en España, no se detenía a recordar. Prefería tirar hacia delante. Hasta que los ánimos de distintas personas, esos ángeles – como él los llama – con los que también se ha encontrado en un camino repleto de demonios, le empujaron a colocarse ante un folio en blanco y a enfrentarse a los demonios del pasado.

El relato de su viaje se convierte así en su propio viaje interno. Un proceso terapéutico que le hizo caer durante un tiempo para volver a levantarse. Por eso, a lo largo de su relato, a veces nos lo advierte. Nos avisa de que necesita parar, coger aire, antes de seguir contándonos. Como quien rompe a llorar y pide disculpas antes de continuar sus palabras.

«No os podéis hacer una idea de lo que sufro al hacerlo, pero quiero haceros partícipes de todas esas ideas y de los fantasmas que aún hoy me persiguen», nos dice.

Estamos ante el vómito de sus recuerdos durante un largo trayecto migratorio que nunca había querido recorrer – no así – hasta que no le quedó otro remedio. Como

4 **detenerse** (n > ng): anhalten, verweilen, innehalten. | **tirar hacia delante:** vorankommen, nach vorn schauen. | 5 **el ánimo:** Gemüt, Lebensmut, Kampfgeist. | 7 **repleto/a de:** prall gefüllt mit. | **empujar a alg.:** jdn. anstoßen/drängen; hier (fig.): jdn. vorantreiben. | **colocarse:** hier: sich setzen (*colocar algo:* etwas auf-, hinstellen, legen). | **el folio:** Blatt Papier. | 12 **advertir** (e > ie) **algo a alg.:** jdn. auf etwas hinweisen. | 14 **romper a llorar:** in Tränen ausbrechen (*romper a:* anfangen zu). | 18 **el fantasma:** Gespenst, Schreckgespenst; hier (fig.): Trauma. | 19 **el vómito:** das Erbrochene (*vomitar:* sich übergeben). | 20 **el trayecto:** Weg, Route, Strecke (*la trayectoria* [fig.]: Lebensweg, Lebensleistung). | 21 **el remedio:** (Heil-)Mittel, Abhilfe.

Ibrahim, 35.513 personas arriesgaron su vida para alcanzar España de forma clandestina en 2019, el mismo año que el joven guineano fue encontrado en las aguas del Estrecho aferrado a un tablón de madera. Ibrahim aún dice sentirse «privilegiado» en comparación con otros hombres, mujeres, niños y niñas que se encontró a lo largo de su trayecto migratorio. Ese mismo año, 655 personas murieron en el mar, según el recuento del colectivo Caminando Fronteras.

Si se arriesgaron como Ibrahim lo hizo, es porque apenas existen caminos legales y seguros para migrar a España desde sus países de origen. Parte del sufrimiento relatado en este libro tiene su explicación en los acuerdos europeos con países de tránsito que buscan ceder labores de control migratorio a terceros. Buscan frenar la inmigración lejos de nuestras fronteras. Las vulneraciones de derechos humanos ocurren, pero apenas las vemos.

Por eso es tan valioso que Ibrahim nos lo cuente.

Me encantaría escribir más sobre las ganas que transmite Ibrahim al describir los muchos proyectos que guarda en su cabeza, sobre la energía de uno de sus bailes frente al puerto

1 **arriesgar algo:** etwas riskieren (*arriesgarse:* sich einer Gefahr aussetzen). | **alcanzar algo:** etwas erreichen. | 3 **el Estrecho (de Gibraltar):** die Straße (Meerenge) von Gibraltar. | 4 **aferrarse a algo:** sich an etwas klammern. | **el tablón de madera** (f.): Holzplanke. | 6 **a lo largo de:** während. | 8 **el recuento:** Zählung, Nachrechnung. | 8 f. **Caminando Fronteras:** Spanische Organisation, die sich für die Rechte von Personen und Gemeinschaften mit Migrationshintergrund einsetzt. | 12 **relatar algo:** etwas schildern/erzählen/berichten (*el relato:* Erzählung, Bericht). | 14 **ceder algo a alg.:** etwas an jdn. übertragen, jdm. etwas überlassen. | **la labor:** Arbeit, Anstrengung. | 16 **la vulneración de derechos** (m.) **humanos:** Menschenrechtsverletzung.

de Algeciras o la alegría que parece contagiar a las niñas y niños a los que, dos años después de este viaje, enseña danza urbana en España. Pero eso, como él dice, es otra historia. Es parte de un segundo viaje, tampoco fácil, que ojalá nos cuente muy pronto.

1 **contagiar a alg.:** jdn. anstecken.

Introducción: Héroes, números, parias

Muchos de los relatos fundantes de nuestra cultura occidental tienen su origen en los mitos griegos. De los valores que se desprenden de las aventuras y desventuras narradas por la literatura helena surgen los principios que construyeron, a lo largo de los siglos, nuestra forma de estar en el mundo y nuestra forma de representarlo.

Así, por ejemplo, 'La Odisea' trasciende a la historia concreta que quiso contarnos Homero y nos habla de lo que luego se bautizará como el viaje del héroe. De este modo, desde hace milenios relacionamos ese término – «héroe» – con viajes tortuosos en busca de un fin justo, con los esfuerzos del que hace lo imposible por volver triunfante a su tierra dejándose prácticamente la vida por el camino. Islas, mares, barcos que crujen y se rompen, compañeros que quedan en el trayecto, llegar hecho harapos.

Otro ejemplo de héroe clásico que sigue teniendo su eco popular en la actualidad es el del semidios Hércules. De es-

1 **el/la paria:** Ausgestoßene(r). | 2 **el relato fundante:** Gründungserzählung. | 3 **el mito:** Mythos. | 4 **desprenderse de algo:** aus etwas hervorgehen. | **la desventura:** Unglück, Missgeschick. | 5 **heleno/a:** helenisch, griechisch. | **surgir** (g>j): auftauchen, erscheinen. | 8 **«La Odisea»:** *Odyssee*, altgriech. Epos des 8./7. Jhs. v. Chr. | 8 f. **trasciende a la historia concreta:** geht über die konkrete Geschichte hinaus. | 9 **Homero:** Homer, Autor der *Odyssee*. | 11 **el milenio:** Jahrtausend. | 15 **crujir:** knacken, knarren, krachen. | 16 **hecho harapos:** in zerrissener Kleidung (*el harapo:* Lumpen). | 18 **el semidios / la semidiosa:** Halbgott/-göttin. | **Hércules:** Herkules (griech. Herakles), Halbgott der griech. Mythologie, der zwölf Aufgaben/Prüfungen (*doce trabajos/pruebas*) erledigen musste.

te, aunque más desvirtuado (oh, Disney, ¿qué hace ese Zeus con sentimientos paternales?), ha perdurado la historia y el simbolismo de los Doce Trabajos (aquí sí, gracias Astérix por ese trasunto de las Doce Pruebas). Doce trabajos imposibles, doce pruebas sobrehumanas que le servirían de redención y confirmarían su condición divina catasterizándolo.

Van a perdonar que hayamos comenzado con esta tremenda obviedad cultural pero, ciertamente, viene al caso. Nos encontramos en la introducción de *Tres días en la arena*, el testimonio que están a punto de comenzar, y no sobra recordar a quiénes hemos bautizado históricamente como «héroes» y por qué. Usted, nosotros y todos aquellos que no se quitan de la boca la apelación a los orígenes de la cultura europea para señalar despectivamente a otras culturas y condenarlas.

Lo hacemos porque la historia en la que está a punto de adentrarse, la del viaje migratorio forzoso de Ibrahim Bah, reúne todas las condiciones para ser considerada una historia heroica desde nuestros cánones culturales. Huida, via-

1 **desvirtuado/a:** abgewertet, entkräftet (*desvirtuar algo:* etwas abwerten). | 2 **Zeus:** Göttervater, Hauptgott der griech. Götter. | **perdurar:** überdauern. | 4 **el trasunto:** Abbild, Kopie, Spiegel. | 6 **la redención** (rel.): Erlösung. | 6f. **catasterizar algo** (cult.): etwas in ein Sternbild verwandeln. | 8f. **tremendo/a:** enorm, außerordentlich. | 9 **la obviedad:** Selbstverständlichkeit. | **venir** (n > ng) **al caso:** angebracht sein, mit etwas zu tun haben. | 11f. **sobrar:** überflüssig, fehl am Platz. | 14 **no quitarse algo de la boca** (fig.): etwas im Munde führen, oft von etwas sprechen. | **la apelación a algo:** Berufung auf etwas. | 15 **despectivamente:** geringschätzig, herablassend. | 17f. **adentrarse en algo:** in etwas hineingehen; hier (fig.): sich in etwas vertiefen. | 20 **la huida:** Flucht.

jes, torturas, encierros, poderosos enemigos, pruebas insalvables, mar … Sin embargo, es una historia que, cuando nos llega con otros protagonistas, siempre nos la cuentan como una historia de números o una historia de parias, nunca como la historia de los héroes que son. Historias de números que dejan de ser personas para convertirse en cifras de fallecidos en el mar Mediterráneo.

Historias de números que dejan de ser vidas, trayectorias personales, sueños, expectativas o recuerdos para pasar a engrosar las estadísticas del «problema» de la inmigración «ilegal». Historias de números que dejan de ser nombres y apellidos para convertirse en tantas víctimas y cuantos rescatados in extremis.

Son los migrantes, los nuevos parias del siglo XXI, a los que se les niega no ya su legítima condición de héroes (como decimos, desde nuestros propios códigos culturales) sino su propia historia. Son esa etiqueta: los migrantes. Y ya está. Da igual que este venga de aquí y esa de allá, que esta llegue persiguiendo un sueño y aquel huyendo de la violencia o del hambre en su tierra. No hay historias. No hay relatos. Solo etiquetas que les señalan como parias o como números: migrantes, refugiados, ilegales, MENAS.

Por eso desde el colectivo La Imprenta nos lanzamos a publicar la historia de Ibrahim Bah, el primero testimonio de nuestra editorial. Una historia autobiográfica escrita

1 **el encierro:** Haft (*encerrar* [e > ie] *algo / a alg.:* etwas/jdn. einsperren). | 1 f. **insalvable:** unüberwindbar, unüberwindlich. | 7 **el fallecido / la fallecida:** Verstorbene(r) (*fallecer* [c > zc]: sterben). | 10 **engrosar algo** (o > ue): etwas vergrößern. | 13 **in extremis** (lat.): im Sterben liegend; hier: in letzter Minute. | 22 **MENA:** ***me****nor* ***e****xtranjero/a* ***n****o* ***a****compañado/a*: unbegleitete(r) Minderjährige(r).

con el pulso temblando de un dolor reciente. El dolor profundo y no curado de unos recuerdos traumáticos vividos apenas hace año y medio. Ese es el tiempo que ha necesitado Ibrahim para aprender nuestro idioma y atreverse a revivir su proceso migratorio para contarlo. La dureza del proceso de redacción del libro que ahora tiene entre las manos le llevó a querer abandonar el proyecto en más de una ocasión por falta de fuerzas. No quería volver allí, pero tenía que hacerlo.

Tenía que hacerlo porque era necesario reivindicar esta injusta e involuntaria historia heroica. Buscar la dignidad perdida durante el penoso trayecto para que se sepa que esto pasa hoy, que el Estrecho es solo el final terrible de un viaje inimaginable, que detrás hay más. Tenía que hacerlo para recordar a los que se quedaron y se quedan por el camino (este viaje heroico nunca se hace solo). Tenía que hacerlo, en fin, porque a veces la primera justicia a la que tenemos acceso es la poética.

Y aquí nos encontramos, en la introducción del regalo que Ibrahim Bah nos ha hecho a las personas que formamos este proyecto colectivo para que se lo hagamos llegar a ustedes. Un regalo escrito con dureza y con honestidad pero también con la ternura del que ya no tiene miedo a mostrar su vulnerabilidad. Un regalo escrito prácticamente como una conversación con el lector, una confidencia de la que ya

1 **con el pulso temblando:** mit zitternder Hand. | 5 **la dureza:** Härte; hier: harte Arbeit, Anstrengung. | 10 **reivindicar algo:** etwas einfordern / (für sich) beanspruchen. | 12 **penoso/a:** schwierig, strapaziös. | 22 **la honestidad:** Ehrlichkeit. | 23 **la ternura:** Zärtlichkeit. | 24 **la vulnerabilidad:** Verletzlichkeit. | 25 **la confidencia:** vertrauliche Mitteilung.

no podrá escaparse. Es el deseo de Ibrahim que este regalo sea útil. Tanto para quienes no conocen lo que esconde el proceso migratorio como para quienes lo han vivido en sus propias carnes y se sienten solos.

Seis fronteras, casi un año de viaje y, como en la historia de Hércules, doce pruebas inhumanas para llegar hasta nuestro país. Este es el relato del viaje de Ibrahim pero, por encima de todo, estas páginas son una vida que se niega a ser un número y un paria. La vida de un héroe. Es un privilegio que nos llega en forma de libro. Cuídelo, querido lector, querida lectora, y no permita que este esfuerzo nos sea indiferente.

Colectivo La Imprenta

1 **escaparse:** entkommen, sich entziehen.

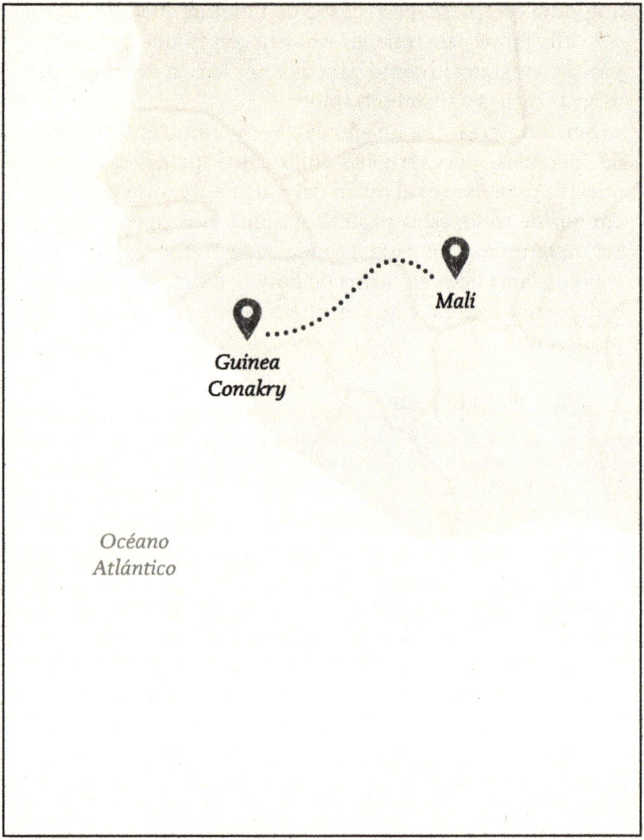

Malí
Guinea
Conakry
Océano
Atlántico

1
El legado de mis orígenes: huellas en mi historia

Este es el inicio. Llegar hasta aquí no ha sido nada fácil. No sólo me refiero a los miles de kilómetros que he tenido que recorrer, sino también al haber dado forma a este libro. No ha sido fácil abrir el cajón de los recuerdos y de las vivencias de mi trayectoria migratoria, pero sentí que debía hacerlo. La necesidad de contarle al mundo la realidad de lo que tristemente sigue sucediendo me ha llevado a apartar todos esos miedos y a no dejarme vencer por sus fantasmas.

Pues bien, comencemos.

Los miembros de la tribu Peul son bastante teocéntricos y muy devotos. Desde que adoptaron el islam, la función de un buen Peul no es solo el cuidado del ganado y la comercialización de los productos que de ellos obtiene, sino también la difusión de la religión musulmana. Ese fue el principal objetivo de mi familia, cuyos orígenes se trasladan a Mali, y se remontan a la figura de un gran Peul: Mamadou Cire Bah, mi trastatarabuelo.

Una vez alcanzada la edad adulta, y siguiendo el legado de su padre, los hijos de Mamadou traspasaron las fronteras

2 **el legado:** Erbe, Vermächtnis. | 7 **la vivencia:** Erlebnis. | 10 **apartar algo:** etwas beiseitelegen/beiseitestellen. | 13 **teocéntrico/a:** theozentrisch, d. h. Gott in den Mittelpunkt der geistigen Welt stellend. | 14 **devoto/a:** gläubig, fromm. | 17 **la difusión:** Verbreitung. | 19 **remontarse a alg.:** auf jdn. zurückgehen. | 20 **el trastatarabuelo / la trastatarabuela:** Ururgroßvater/-mutter. | 21 **una vez** (+ part.): nach, sobald … | 22 **traspasar algo:** etwas überqueren.

de Mali para contribuir a la expansión de esta religión. Desde temprana edad, las familias peúles inculcan a sus descendientes el compromiso que deben adquirir con su tribu y para con su religión. Dirigirse hacia nuevas tierras desconocidas es un acto de valentía que, además de tener como principal objetivo todo lo ya explicado, nos ayuda a crecer como personas y a arraigar esos valores que dan forma a nuestras creencias. Uno de ellos, Thierno Faza Bah, mi tatarabuelo, decidió partir hacia Guinea Conakry.

A lo largo de este extenso viaje, recorrió una gran variedad de poblados. Decidir donde asentarse no fue una fácil fácil. Cada poblado representaba una nueva oportunidad de futuro, pero él no podía elegir un lugar cualquiera sin más. Necesitaba sentir una conexión especial que lo llevase a hacer de ese lugar su pueblo, su vida, y tras días de peregrinaje continuo por fin lo encontró. Aún no soy capaz de discernir quién encontró realmente a quién, si mi tatarabuelo al pueblo o viceversa. Esperad, esperad, pronto lo comprenderéis.

Entender y conectar con la magia de la historia de mi an-

1 **contribuir** (u>uy) **a algo:** zu etwas beitragen. | 2 **inculcar algo a alg.:** jdm. etwas einschärfen/beibringen. | 2f. **el/la descendiente:** Nachkomme, Nachfahre/-in. | 3 **adquirir** (i>ie) **(un compromiso) con alg.:** jdm. gegenüber eine Verpflichtung eingehen. | 4 **para con:** gegenüber, hinsichtlich. | 5 **la valentía:** Mut, Tapferkeit. | 7 **arraigar:** Wurzeln schlagen (lassen); hier (fig.): verinnerlichen. | 8f. **el tatarabuelo / la tatarabuela:** Ururgroßvater/-mutter. | 10 **extenso/a:** weit, ausgedehnt. | 11 **el poblado:** Dorf, Ortschaft. | **asentarse** (e>ie): sich niederlassen/ansiedeln. | 13f. **sin más:** einfach, schlechtweg, (fam.): ohne Weiteres. | 15f. **el peregrinaje:** Wanderschaft, Pilgerfahrt (*el peregrino / la peregrina:* Pilger[in]). | 17 **discernir** (e>ie) **algo de algo:** etwas von etwas unterscheiden. | 20f. **el antecesor / la antecesora:** Vorfahre/-in.

tecesor, Thierno, requiere que primero os explique que, antes de rezar, el musulmán debe efectuar las tradicionales abluciones. La ablución menor, que es la habitual, consiste en el lavado de cara, manos, cabeza y pies.

A su llegada a este pequeño poblado de Guinea, Thierno hizo un alto en el camino para rezar. Se dirigió hacia una fuente que encontró en mitad de una senda con la intención de realizar la ablución. La fuente estaba completamente seca, por lo que no pudo llevar a cabo el ritual previo, pero no dudó en cumplir con su cometido e inició el rezo. Indudablemente, la fuerza y el poder de su fe eran más grandes que el de las tradiciones y así nos lo demostraba mi tatarabuelo. Ante el asombro de todos, de repente, comenzó a brotar agua de la fuente. Para Thierno, fue una gran señal de que este lugar era su cometido. Gada Bhundu (fuente de agua) sería el nuevo nombre por el que a partir de ese momento se conocería al pueblo y Thierno Zafa se convertía en su imán.

La figura del imán en la religión musulmana representa la máxima exaltación de poder, respeto y admiración. Un buen imán ayuda y aconseja a todo aquel que lo necesita y acude en su búsqueda. Su apoyo puede ser tanto material

1 **requerir** (e>ie) **algo:** etwas erfordern/voraussetzen. | 2 **efectuar algo:** etwas durchführen/ausführen/vollziehen. | 3 **la ablución** (rel.): rituelle Waschung. | 6 **hacer un alto:** eine Pause einlegen (*el alto:* Halt, Stopp, Rast). | 7 **la senda:** (Trampel-)Pfad, Weg. | 9 **llevar algo a cabo** (m.): etwas durchführen. | **previo/a:** vorherige. | 10 **el cometido:** Aufgabe, Pflicht. | 13 **el asombro:** (Er-)Staunen (*asombrarse de algo:* über etwas staunen, sich über etwas wundern). | 14 **brotar de algo:** aus etwas hervorquellen. | 20 **la exaltación:** Verherrlichung. | 22 **acudir a alg.:** sich an jdn. wenden. | **la búsqueda:** Suche.

(dinero, comida, refugio, etc.) como espiritual (opinión, consejo, transmisión de conocimientos, etc.). Una gran diversidad de personas solicitan de él sin importar su condición social o situación personal; desde matrimonios a punto de separarse hasta el mismísimo presidente. La tarea del imán termina cuando la persona fallece, es entonces cuando se nombra a otra persona que sea digna de representar esta figura.

Como imán, Thierno Zafa gozó de una vida colmada de riqueza en todos sus sentidos: dinero, comida, felicidad y muchos hijos. Cumplió dignamente con su cometido, proporcionando armonía y paz a su pueblo y, cómo no, ayudando a transmitir la religión musulmana entre sus integrantes.

En ocasiones, nuestro interior matiza las emociones que no caben o no podemos expresar en palabras. Vivo ejemplo de ello fue la historia del siguiente nombre que nos acompaña: mi bisabuelo, Mamadou Saliou Bah, el único hijo de Thierno Zafa que seguiría su trayectoria.

Llegado el momento, Mamadou abandonó Gada Bhundu para contribuir en la labor de difundir la religión musulmana y continuar el legado de su familia. Su destino fue la región de Boke en la que habitan los Baga, una tribu sin muchos conocimientos cuyo dialecto es el Soso. Mamadou construyó una mezquita y un aula donde enseñar el Corán

3 **solicitar algo de alg.:** jdn. um etwas ersuchen. | **sin importar:** egal, ganz gleich. | 5 **mismísimo/a** (superl. von *mismo*): höchstpersönlich. | 9 **colmado/a de:** voll mit. | 11 f. **proporcionar algo:** für etwas sorgen. | 13 f. **el/la integrante:** Mitglied. | 15 **matizar algo:** etwas nuancieren/differenzieren. | 18 **el bisabuelo / la bisabuela:** Urgroßvater/-mutter.

y su historia a los niños del pueblo, y al igual que en su día ocurrió con su padre, fue proclamado imán.

En esta región conoció a mi bisabuela. En un principio, tuvieron muchas dificultades para comunicarse. Ninguno hablaba el dialecto del otro, pero la conexión entre ambos y la fuerza de sus sentimientos sobrepasaron todos los obstáculos. Juntos construyeron un gran proyecto de vida.

Mis bisabuelos tuvieron muchos hijos, varios de ellos consiguieron ser personas bien posicionadas y muy respetadas en la sociedad de la época y el continente africano. Podría dedicar decenas de páginas a hablaros de sus vidas, a haceros partícipes de sus aportaciones, pero, por la parte que me toca, tengo la necesidad de centrarme en la figura de uno de ellos en concreto, una persona a la que admiro mucho y por la que siento una devoción muy especial: mi abuelo, Ibrahim Bah.

Desde muy joven sus destrezas fueron evidentes. Con tan solo doce años memorizó el Corán y empezó a enseñar en el aula de su padre. En la pubertad se casó con su primera mujer. Pese a ser el primogénito, tras la muerte de mi bisabuelo, mi abuelo no ocupó su lugar. Él sabía que en ese pueblo su labor no alcanzaría la gloria que deseaba, y decidió marcharse a la región de Fría, donde vivía uno de sus hermanos.

1 **en su día:** damals, einst. | 2 **ser proclamado/a:** ernannt werden (*proclamar algo:* etwas verkünden/ausrufen). | 6 **sobrepasar algo:** etwas übersteigen; hier: etwas überwinden. | 6 f. **el obstáculo:** Hindernis. | 11 **la decena:** zehn Stück; hier: Dutzend. | 12 **la aportación:** Beitrag. | 15 **la devoción:** Zuneigung, Hingabe; auch: Frömmigkeit. | 17 **la destreza:** Fähigkeit. | 20 **pese a:** trotz. | **el primogénito / la primogénita:** Erstgeborene(r).

Aquel destino lo llevó a conocer a una mujer mayor que él y muy bien acomodada. Él ya tenía una primera mujer, pero en nuestra religión musulmana la poligamia era muy común. Se enamoraron y ella pidió su mano ¡Sí!, lo he contado bien, ella. Esto, a principios del siglo XX, era muy revolucionario. Se casaron y se instalaron en la localidad guineana de Kindia. Era el comienzo de una gran historia.

Al poco tiempo de llegar a Kindia, Ibrahim recibió el nombramiento que ya venía siendo tradición en mi familia, imán de la localidad. Su vida era plena junto a su nueva esposa y su nuevo destino, no obstante la edad avanzada de esta supuso un obstáculo para que la pareja tuviera descendencia directa, por lo que decidieron adoptar una hija de la hermana de la reciente Sra. Bah.

El hecho de no haber podido darle a mi abuelo un hijo, siempre perturbó la idea de una felicidad absoluta. Por este motivo, en su lecho de muerte, la mujer de mi abuelo le hizo prometer que se casaría con su hija adoptiva, dando así cumplimiento al deseo añorado. Es entonces cuando entra en escena mi abuela Fatouma Binta Diallo.

Del matrimonio entre Fatouma e Ibrahim nació Abdoul Malik Bah, mi padre. Poco tiempo después de su nacimiento a mi abuelo le concedieron el poder de ser el Primer Gran Imán de todo el país de Guinea, una inmensa responsabilidad que aceptó con orgullo. La construcción de una de las mezquitas más grandes del mundo en Guinea por parte de

10 **pleno/a:** hier: erfüllt. | 11 **no obstante:** allerdings, jedoch. | 12 **suponer** (n > ng) **algo:** etwas annehmen/vermuten; hier (fig.): etwas bedeuten. | 16 **perturbar algo / a alg.:** etwas/jdn. stören. | 17 **el lecho de muerte** (f.): Sterbebett. | 19 **añorar algo:** sich nach etwas sehnen. | 23 **conceder algo a alg.:** jdm. etwas verleihen/erteilen.

Arabia Saudí, llevó a los representantes del país a buscar a una persona que fuese digna de aquel nombramiento. Ya por aquel entonces, la familia Bah se había trasladado a Guinea Conakry y mi abuelo reunía todas las cualidades y requisitos necesarios para ostentar dicho cargo.

A lo largo de su legado, Ibrahim demostró en todo momento su valía como Primer Gran Imán, proporcionando a su país una excelente estabilidad en todos los sentidos. De esta forma, su hijo, Abdoul, tuvo una infancia bastante feliz. Gozó de una buena calidad de vida que le proporcionó una educación digna y tradicional. Con el paso del tiempo, mi padre y mi abuelo se hicieron inseparables. Mi padre, además de su hijo, se convirtió en su mano derecha, en su más fiel apoyo. Pero poco a poco la situación política de Guinea Conakry fue cambiando y, como veremos más adelante, la integridad de mi abuelo comenzó a peligrar. Como os conté antes, un imán solo puede perder su título cuando fallece. Sus enemigos eran cada vez mayores y, deseosos de poder, más de uno deseaba su muerte. Mi padre, trabajador actual del gobierno, decidió alistarse en el ejército a los diecinueve años y así asegurar su protección de mi abuelo hasta el momento de su muerte natural en el año 2009.

5 **ostentar algo:** etwas zur Schau stellen; hier: etwas innehaben/bekleiden. | **el cargo:** Amt, Tätigkeit, Funktion. | 7 **la valía:** Ansehen, Wert. | 15 **ir cambiando:** sich (langsam) ändern. | 20 **alistarse:** sich (freiwillig) melden, beitreten.

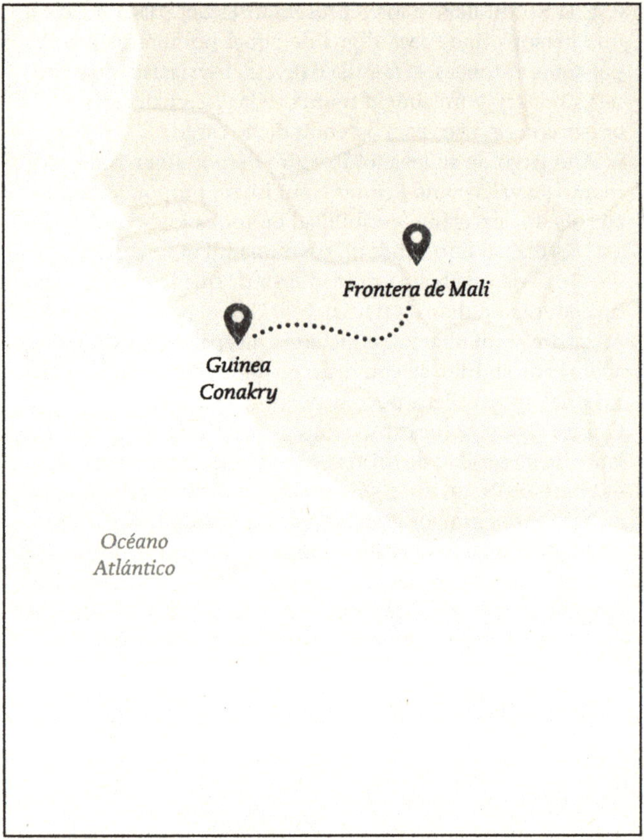
Frontera de Mali
Guinea Conakry
Océano Atlántico

2
Porque a veces no tenemos más opción que huir

Me siento muy afortunado de haber nacido en el seno de una familia bien posicionada. Esto hizo posible que yo también pudiese gozar de una infancia feliz y cómoda, y acceder a la educación de la que muchos jóvenes africanos se ven privados. Soy el primer hijo de cinco hermanos. En África ser el hermano mayor conlleva una gran responsabilidad. Debes ser un buen referente familiar, no solo con el ejemplo, sino también cuidando a tu familia cuando tu padre está ausente, independientemente de tu edad. Por su trabajo, mi padre pasaba bastante tiempo fuera de casa. Era una persona luchadora y defensora de su familia, su pueblo y su país, así que desde temprana edad tuve que hacerme cargo de mi familia.

Como sabéis, África es uno de los continentes más pobres y peor gestionados. Aunque algunas partes han mejorado en los últimos años, muchos países siguen siendo de los más empobrecidos del mundo a niveles de desarrollo humano. Por este motivo, cuando hablamos de la sociedad africana, no podemos diferenciar entre gran variedad de clases económicas, solo podemos hacer referencia a dos, creándose un contraste evidente: el todo y la nada. La vida

4 **el seno:** Schoß. | 5 **bien posicionado/a:** gut situiert. | 8 **privar a alg. de algo:** jdm. etwas vorenthalten. | 9 **conllevar:** mit sich bringen. | 10 **el referente:** Vorbild. | 12 **ausente:** abwesend, nicht da. | 15 f. **hacerse cargo (m.) de alg.:** sich um jdn. kümmern. | 18 **gestionar algo:** etwas führen/leiten; hier: etwas regieren.

quiso ponerme en el lado de los que lo tenían todo y yo estaba dispuesto a aprovechar al máximo este privilegio.

La difícil historia del continente africano ha influido profundamente en su presente y en el proceso evolutivo del mismo. Sus experiencias coloniales han jugado un papel esencial en el hecho de que África sea tierra de dictaduras, donde la democracia aún sea una utopía. La lucha contra el colonialismo francés en mi país, Guinea Conakry, tuvo como figura principal a Sékou Touré, un líder obrero que más adelante encabezaría el Partido Democrático de Guinea. La relevancia de su papel merece que dediquemos unas líneas a hablar de él para que conozcáis algo de su historia.

Perteneciente a la tribu malinke, Touré fue educado en una escuela coránica y luego estudió en la Escuela Técnica francesa de Conakry. Sus humildes orígenes le obligaron a trabajar desde muy joven. Fue funcionario del Servicio de Correos colonial desde 1941, puesto desde dónde se distinguió como dirigente sindicalista. A los 34 años, Touré alcanzó la alcaldía de Conakry y ostentó el cargo de diputado por Guinea en la Asamblea Nacional de Francia. Desde esta posición, reclamó y consiguió la independencia del país, convirtiéndose en el primer presidente en el año 1958. Su

1 f. **estar dispuesto/a a hacer algo:** bereit/gewillt sein, etwas zu tun. | 4 **el proceso evolutivo:** Entwicklungsprozess. | 9 **Sékou Touré:** Ahmed Sékou Touré (1922–84): erster Präsident Guineas nach der Unabhängigkeit von Frankreich 1958. | 10 **encabezar algo:** etwas anführen, an der Spitze von etwas stehen. | 15 **humilde:** bescheiden, einfach. | 17 f. **distinguirse:** sich hervortun, sich profilieren. | 18 **el/la dirigente sindicalista:** Gewerkschaftsführer(in). | 20 **la Asamblea Nacional:** Nationalversammlung; in Frankreich die Bezeichnung für das Unterhaus des Parlaments. | 21 **reclamar algo:** etwas verlangen/einfordern.

intransigencia nacionalista no le permitió llegar a grandes acuerdos con otros países que querían disponer de una estabilidad con el país, pero las necesidades económicas lo llevaron a reestablecer con Francia las relaciones rotas. Tras su muerte en 1984, luego de gobernar durante 26 años ininterrumpidamente de manera dictatorial y con una férrea persecución de la oposición, se produjo un golpe de Estado. Mi familia no participó. La posición en la que se encontraba mi abuelo no le permitía decantarse por ningún partido político. Lo único que podía hacer era apoyar y acompañar a la fuerza que gobernase en ese momento para establecer la paz y la unión entre los principales partidos. Era una figura de referencia para la nación. Sin embargo, mi abuelo, mis tíos y mi padre como militares y miembros del gobierno pudieron gozar de muchas concesiones que nos proporcionaron un nivel alto de vida.

En el año 2009 mi abuelo falleció. Al poco tiempo todo empezó a cambiar por completo. Emergían distintos partidos políticos y en la calle se volvía a hablar de «democracia». Como os contaba en mi presentación, yo soy Peul. En Guinea conviven diversidad de grupos étnicos, pero el rival absoluto del Peul es el Malinke. La evolución a la democracia se vio corrompida por el profundo efecto del etnocentrismo religioso y los dos partidos políticos principales que se

1 **la intransigencia:** Unnachgiebigkeit, Unversöhnlichkeit. | 5 f. **ininterrumpidamente:** ununterbrochen. | 6 **férreo/a:** eisern, hart. | 7 **producirse** (c>zc): sich ereignen. | 9 **decantarse por algo:** sich für etwas entscheiden. | 15 **la concesión:** Zugeständnis. | 15 f. **proporcionar algo a alg.:** jdm. etwas verschaffen. | 18 **emerger** (g>j): auftauchen; hier (fig.): entstehen. | 23 **corromper algo:** etwas verderben/verfälschen/entstellen.

fundaron con base en las dos etnias predominantes. En el año 2010, tras una campaña electoral en la que los enfrentamientos y los insultos no dejaron de estar presentes, los Malinkes se proclamaron con el poder. Esto hizo que los rencores se acrecentaran ya que el gobierno controlaba y ponía en práctica su mandato de forma autoritaria. Cada vez empezaban a ser más frecuentes las revueltas y las manifestaciones populares. La violencia era llevada a su lado más extremo en forma de muertes. Cientos de jóvenes de la tribu Peul que intentaban luchar por sus derechos y por la esperanza de mejores oportunidades eran asesinados.

No sé si a estas alturas os habréis dado cuenta. Hasta ahora he presentado a varios de mis antepasados y familiares más cercanos, pero aún no he mencionado a una persona fundamental en mi vida. Estaba esperando el momento perfecto para hacerlo y es este. Mi madre se llama Adama Dios y es senegalesa. Se casó con tan sólo dieciséis años. Si tuviera que describirla con una frase, os diría que su carácter y su independencia hacen de ella una mujer muy especial. Es comerciante, por lo que viaja mucho y pasa bastante tiempo fuera de casa, cosa poco habitual para una mujer guineana cuyo rol tradicional limita su posición.

Desde que en el año 2010 los Malinkes ganaron las elecciones por primera vez y hasta el año 2015 que fueron reelegidos, mi madre tomó la decisión de adentrarse en el mundo de la política. No podía seguir viendo como nuestras vecinas y amigas perdían a sus hijos, algunos de ellos

2 f. **el enfrentamiento:** Konfrontation. | 4 **proclamarse algo:** sich zu etwas ernennen. | 5 **acrecentarse** (e>ie): zunehmen. | 7 **la revuelta:** Aufruhr, Revolte. | 12 **a estas alturas:** zu diesem Zeitpunkt.

también mis amigos, de forma tan injusta. Esto fue en el año 2017.

Cada día se cometían violaciones de derechos humanos en el contexto de un controvertido cambio constitucional. Decenas de personas morían a manos de las fuerzas de defensa, mientras que los responsables gozaban de impunidad. Muchos de ellos eran apresados, sometidos a torturas y palizas. Aquellos que perdían la vida, se veían privados de un funeral digno y de que sus familiares velasen sus cuerpos como se merecían, los trasladaban a un cementerio en Bambeto donde sepultaban sus cuerpos. El derecho a la libertad de expresión y a las reuniones pacíficas se veían restringidas. Por todos estos motivos, mi madre comenzó a organizar reuniones clandestinas en casa y a contar con el apoyo de políticos. En la sombra, mi padre apoyó la causa de mi madre en todo momento. Pronto la nombrarían representante del partido Unión de Fuerzas Democráticas de Guinea (UFDG). No imaginábamos lo que estaba por venir. No podíamos intuir que este sería el motivo de mi huida.

Los domingos, las reuniones se sucedían entre comidas y

4 **controvertido/a:** umstritten, kontrovers. | **el cambio constitucional** (jur.): Verfassungsänderung. | 6 f. **la impunidad:** Straffreiheit. | 7 **ser apresado/a:** verhaftet werden. | **estar sometido/a a algo:** einer Sache ausgesetzt sein. | 8 **la paliza** (sg.): Tracht Prügel, Schläge. | **privado/a:** beraubt (*privar a alg. de algo:* jdm. etwas entziehen/wegnehmen). | 9 **velar (a) alg.:** bei jdm. Totenwache halten. | 11 **sepultar algo / a alg.:** algo/jdn. bestatten. | 12 f. **restringido/a:** eingeschränkt. | 15 **en la sombra** (fig.): heimlich, im Verborgenen. | **la causa** (fig.): Ideal. | 17 f. **Unión de (las) Fuerzas Democráticas de Guinea (UFDG):** 1991 gegründete Partei mit sozialliberaler Ausrichtung. | 19 **intuir** (u > uy) **algo:** etwas ahnen.

exaltaciones de sentimientos frustrados ante tanta sinrazón. El número de asistentes era cada vez mayor, conscientes de que manifestarse significaba arriesgar la vida. En estos encuentros todas las participantes eran mujeres excepto yo, que atendía con atención a la lucha de mi madre.

La desesperación de la población estaba en relación directa con la precariedad de la situación en el país, aumento desorbitado de los precios en los productos de primera necesidad y la escasez de energía eléctrica entre otros. A través del partido y las reuniones en casa, mi madre ponía todo su empeño en ayudar a cuantos se acercaban allí, ofreciendo alimento y planificando incesantes protestas pacíficas. La voz del pueblo debía escucharse. Como primogénito, yo también apoyé su causa, pero ese no fue el único motivo que me llevó a ello. El sentimiento de compromiso y conciencia de todo lo que estaba ocurriendo crecía en mí a pasos agigantados y necesitaba aportar con mi granito en aquella lucha.

La amenaza del gobierno no tardaría en llegar. El presidente hizo llamar a mi padre para expresarle su insatisfacción ante las actuaciones que se estaban sucediendo. A pesar de la indignación de mi padre (aun siendo militar), se vio en la obligación de hacernos llegar el mensaje del presi-

1 **la exaltación:** Überschwang. | 1 f. **la sinrazón:** Unrecht. | 7 **la precariedad:** Ungewissheit, Unsicherheit. | 8 **desorbitado/a:** rasant, explosionsartig. | 9 **la escasez:** Knappheit, Mangel. | 11 **el empeño:** Eifer, Streben. | 12 **incesante:** unaufhörlich. | 16 f. **a pasos agigantados:** mit riesigen Schritten. | 17 **aportar su granito** (m.) **de arena** (f.) **a algo** (fig.): seinen (bescheidenen) Beitrag zu etwas leisten (*el granito de arena* [f.]: Sandkorn). | 21 **la actuación:** Handeln, Vorgehen. | 22 **la indignación:** Entrüstung, Empörung.

dente. Nos consideraban unos traidores y debíamos ponerle fin a esta batalla. Como ya imaginaréis, la negativa de mi madre fue rotunda.

Era enero del año 2018 cuando un día, a las diez de la noche, llamaron a la puerta de casa. Varios militares venían buscando a mi padre. Hasta ese momento nada parecía fuera de lo normal, ya que la presencia de militares en nuestra familia, por el cargo de mi padre, era algo habitual. Portaban armas, pero este hecho también nos pasaba desapercibido. El cariz de la situación cambió radicalmente cuando mi padre fue amenazado y nos ordenaron acompañarlos. Mis hermanos gritaban. Yo, completamente asustado y con el corazón en un puño, sólo podía concentrarme en contener las lágrimas. Tenía 25 años.

Nada más salir de casa me separaron de mis padres. Nos llevaban a la misma prisión, el Sirete National, pero nos subieron a coches distintos. Yo aún lo desconocía, pero no volvería a tener contacto con mi familia hasta mi llegada a España seis meses después.

Me encarcelaron en la misma celda que a otros dieciocho jóvenes que habían sido detenidos por protestas y revueltas. Estuve encerrado y sin saber nada de mi familia un total de tres semanas. El desgaste emocional por la precariedad

2 **la batalla:** Schlacht, Kampf. | **la negativa:** Ablehnung, Weigerung. | 3 **rotundo/a:** entschieden, kategorisch. | 8 **portar algo:** etwas tragen. | 9 **pasar desapercibido/a:** nicht auffallen, unbeachtet bleiben (*desapercibido/a:* achtlos, unbeachtet). | 10 **el cariz:** Eindruck. | 13 **(tener) el corazón en un puño:** das Herz schlägt einem bis zum Halse. | 15 **nada más** (+ inf.): kaum dass … | 20 **encarcelar:** einsperren. | **la celda:** Zelle. | 23 **el desgaste:** Zermürbung.

de la situación y la incertidumbre de mi destino crecía cada día. Compartíamos un único baño, y dormíamos en el suelo. Las horas se hacían interminables. Solo nos dejaban salir una vez al día, unos escasos treinta minutos, en los que el deseo de respirar aire fresco se convertía en mi mayor obsesión. La necesidad de calmar el hambre hacía que la repugnante comida que nos daban se volviera un preciado regalo. Desesperado, imaginaba escenarios descabellados hasta que una noche, cuando se cumplían las tres semanas después de mi detención, dos militares vinieron en mi búsqueda y me introdujeron en un coche. Durante el traslado, trataba de asumir el pensamiento de que mi muerte estaba próxima, sin embargo, la ansiedad y el terror me importunaban. En el coche me estaba esperando el capitán Mouctar Balde, un buen amigo de mi padre. Tardamos veinticuatro horas en llegar a la frontera con Mali, allí Mouctar facilitó mi entrada en el país y me dio dinero para que me alejase de Guinea hasta que la situación se normalizase. Antes de despedirnos me proporcionó su número de teléfono y me hizo prometer que lo llamaría. Desconcertado, le dije adiós y comencé a caminar lo más lejos posible de la frontera.

Dejaba atrás mi vida y daba comienzo mi viaje.

1 **la incertidumbre:** Ungewissheit, Unsicherheit. | 4 **escaso/a:** knapp. | 6f. **repugnante:** ekelhaft. | 8 **descabellado/a:** weit hergeholt, abwegig, unsinnig. | 12 **asumir el pensamiento:** sich mit dem Gedanken abfinden. | 13 **la ansiedad:** Beklemmung, Angst. | 13f. **importunar a alg.:** jdn. belästigen; hier: jdn. plagen/quälen. | 16 **facilitar algo:** etwas ermöglichen/vereinfachen. | 20 **desconcertado/a:** verwirrt, durcheinander (*el desconcierto:* Ratlosigkeit, Verwirrung).

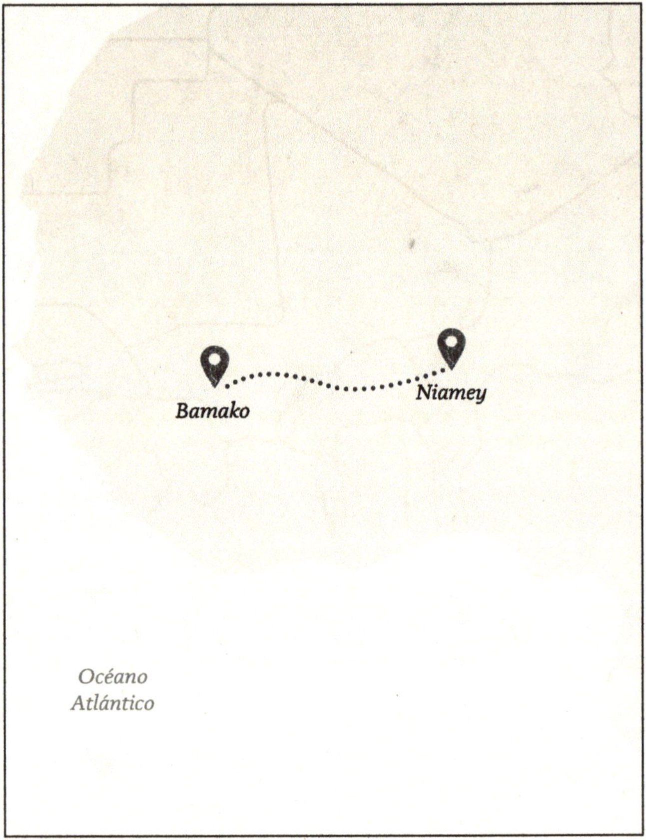
Bamako
Niamey
Océano
Atlántico

3
Rumbo hacia lo desconocido

Con tan solo una pequeña mochila y algo de ropa, cogí un autobús hacia Bamako, la capital de Mali. Antes de cruzar la frontera, miles de preguntas se agolpaban en mi cabeza. Necesitaba que el amigo de mi padre me explicase cómo había conseguido sacarme de prisión; por qué lo había hecho; cómo se encontraban mis padres, pero no teníamos tiempo para ello. De sobra sabía que se estaba jugando la vida por mí y, en mi interior, yo mismo tenía la respuesta a casi todas ellas. La lucha contra el poder era una batalla perdida en ese momento y, si me quedaba en mi país, posiblemente acabaría siendo condenado por muchos años. De no ser apresado, solo me quedaría luchar por un futuro irreal. Ambas opciones limitaban la posibilidad de gozar de la libertad y el bienestar que todo ser humano desea, por lo que no había más que pensar.

Yo nunca había salido de Guinea. Todos mis conocimientos sobre el resto de países africanos se debían a los libros. Argelia siempre me había llamado la atención. Es el país más grande de África y uno de los más ricos, donde las probabilidades de éxito eran más seguras. Por este motivo decidí que aquel sería mi destino.

Mi primer objetivo tras llegar a la estación de Bamako fue pensar hacia dónde dirigirme. Tenía mucho miedo y me encontraba perdido. Necesitaba comer algo y descansar, pe-

2 **el rumbo:** Richtung, Kurs. | 5 **agolparse:** sich drängen, herumschwirren. | 9 **saber algo de sobra:** etwas nur zu gut wissen. | **jugarse** (u>ue) **la vida por alg.:** für jdn. sein Leben aufs Spiel setzen.

ro no sabía dónde. No tenía ningún documento de identidad así que la idea de un hotel era inviable. Tampoco podía comunicarme bien. En Mali muy poca gente habla francés y el dialecto predominante en Bamako, el bambara, era desconocido para mí. Ante tanto desconcierto, de repente, se me acercó un chico. Era Peul. Me sentí tremendamente aliviado de haber encontrado a alguien con quien entenderme. Aun así, no lo conocía de nada y, no sé por qué, no estaba muy seguro de cuáles serían sus intenciones. Bastaron unos minutos para darme cuenta de que solo quería aprovechar la oportunidad para robarme. En ese momento comprendí que la vida fuera de mi país iba a ser muy distinta a lo que había conocido. Iba a encontrarme con una ruindad y un egoísmo que no formaba parte de mi experiencia dentro de una familia acomodada. Pero, después de todo, tampoco podía culparlos, esas personas habían vivido en primera persona la miseria y la exclusión, por lo que finalmente no tenían más remedio que hacer del engaño su medio de vida.

Para llegar a Argelia tenía que pasar por Tombuctú. Esta es la región más septentrional y grande de Mali, comprendiendo en gran parte la zona sudoeste del desierto del Sáhara. Tombuctú está llena de rebeldes y siempre ha sido una zona de conflictos. Atravesarla traería consigo dos posibilidades: o

2 **inviable:** undurchführbar. | 6 f. **aliviado/a:** erleichtert. | 8 **aun así:** (aber) trotzdem, dennoch. | 13 f. **la ruindad:** Gemeinheit, Niederträchtigkeit. | 18 **no tienen más remedio que …:** Es bleibt ihnen nichts anderes übrig, als … | **el engaño:** Betrug, Täuschung (*engañar a alg.:* jdn. betrügen/täuschen). | 20 **Argelia:** Algerien. | **Tombuctú:** Timbuktu (Oasenstadt in Mali, am südlichen Rand der Sahara). | 21 **septentrional:** nördlich. | 21 f. **comprender algo:** hier: etwas umfassen/umspannen.

bien me matarían o bien me quitarían todo lo que llevaba conmigo. Cualquier opción era precipitarme al vacío. No tuve más remedio entonces que optar por el camino más largo y costoso: cogería un autobús con destino a Niamey, pasando por Burkina Faso, en un viaje que duraría tres días.

Sin darle demasiadas vueltas me subí a aquel autobús. Estaba cansado y aproveché el trayecto para intentar dormir. Pasadas 24 horas, al llegar a la primera frontera, mi ansiada tranquilidad se vio interrumpida por un nuevo contratiempo; hacía falta mucho valor para enfrentarme a lo que me esperaba ahí fuera. Como os he dicho antes, no tenía carnet de identidad ni pasaporte, así que la única opción que tenía para cruzar la frontera de Burkina Faso era pagar. El precio por continuar el camino hacia la libertad era de dos mil francos CFA; yo tenía un único billete de cinco mil. No podía conseguir cambio en mitad de ese puesto fronterizo y no quería enseñar esa cantidad de dinero. Los soldados en el control tampoco harían el más mínimo esfuerzo por facilitar mi situación, más bien todo lo contrario.

El rumor de mi disponibilidad económica no tardaría en

2 **precipitarse a algo:** sich in etwas hinabstürzen. | 3 **optar por algo:** sich für etwas entscheiden. | 4 **Niamey:** Hauptstadt von Niger. | 6 **sin darle demasiadas vueltas** (pl.; fig.): ohne groß zu überlegen (*dar vueltas a algo* [fig.]: über etwas nachdenken/nachgrübeln). | 8 f. **ansiado/a:** langersehnt (*ansiar algo:* sich nach etwas sehnen). | 9 f. **el contratiempo:** Unannehmlichkeit, Misslichkeit. | 12 **el carnet de identidad** (f.): (Personal-) Ausweis. | 15 **el franco CFA:** CFA-Franc (***F**ranc de la **C**oopération **F**inancière en **A**frique*): Währung, die in mehreren westafrikanischen Ländern verwendet wird, die früher zum französischen Kolonialreich gehörten. | 16 f. **el puesto fronterizo:** Grenzposten, Grenzübergang. | 20 **el rumor:** Gerücht. | **la disponibilidad económica** (sg.): finanzielle Mittel/Möglichkeiten.

extenderse y hacerse notar en cada paso fronterizo al que llegábamos. Permanecí detenido durante horas; me apuntaron con pistolas, amenazándome para salirse con la suya y robarme todo el dinero posible. Fueron momentos en los que solo tenía ganas de llorar, pero más que debilitarme, me llenaba la rabia. No podía evitar pensar que, según avanzaran los días, la situación empeoraría.

¡Pero hagamos un alto antes de seguir con el viaje! Seguro que habréis pensado en cómo me las apañaba para guardar y proteger mi dinero. Obviamente, cada vez que los soldados me registraban se quedaban con lo poco que solía llevar en mis pantalones, en cierto modo era mi forma de engañarlos. Sabía que el dinero que me había dado el amigo de mi padre era mi pasaporte de vida y que si lo perdía no podría llegar muy lejos. Durante casi todo el trayecto lo escondí en las suelas de mis zapatos, entre la planta y el tacón y, afortunadamente, nunca dieron con él.

A mi llegada a Niamey apenas me quedaban fuerzas. Tenía que dirigirme hacia Tawah, un pueblo de Níger, y el siguiente país colindante. El autobús que me llevaría hasta allí no salía hasta la mañana siguiente, así que no tuve más remedio que pasar la noche en la estación.

No quería estar a la vista de mucha gente. Inspeccioné los

2 **permanecer** (c>zc): bleiben. | 2f. **apuntar a algo/alg.:** auf etwas/jdn. zielen (mit einer Waffe). | 3 **salirse** (l>lg) **con la suya:** seinen Willen durchsetzen, auftrumpfen. | 5 **debilitarse:** schwach werden. | 7 **empeorar:** sich verschlechtern. | 9 **apañárselas con algo** (fam.): mit etwas klarkommen/auskommen. | 16 **la suela:** Schuhsohle. | **la planta (del pie):** Fußsohle. | 17 **dar con algo/alg.:** auf etwas/jdn. stoßen. | 19 **Tawah:** Tahoua (Provinzhauptstadt in Niger, 150 000 Einwohner). | 20 **colindante:** angrenzend.

alrededores y en un hueco junto a un quiosco de prensa cerrado improvisé una cama. Al cerrar los ojos, los recuerdos de mi gente y de mi país no tardaron en invadir mi mente. Ahora que estaba lejos y que mi vida había cambiado, valoraba de otra forma mis orígenes. Sabía que la situación allí era insostenible, pero no podía evitar echarlo de menos. Aprovecho y os cuento un poco sobre él.

Guinea, oficialmente la República de Guinea y a veces llamada Guinea Conakry, es un país de África Occidental antiguamente conocido como Guinea Francesa. Su capital es Conakry, una ciudad rodeada por el Océano Atlántico. Para mí el país más bonito por su naturaleza y por su gente llena de bondad. Me encantaba rodearme de los ancianos por la noche porque siempre nos contaban las historias de Guinea vividas por ellos, cuando recuerdo esto me invade la nostalgia.

En Guinea se diferencian cuatro áreas geográficamente bien definidas: Por un lado la baja Guinea o Guinea marítima (regiones de Kindia y Boké) y la Guinea media, formada por tierras altas y montañosas (Labé y Mamou) fuente de numerosos ríos. Yo frecuentaba muchos de ellos. Me gustaba bañarme en ellos. De hecho, aprendí a nadar en un río en concreto que se encontraba cerca de mi casa. Los domingos pasábamos todo el día allí para lavar nuestra ropa. Llevábamos algo de comida, nos bañábamos y subíamos a los árboles a coger mangos para comérnoslos. Era mi día favorito de la semana. Todos los niños del pueblo íbamos cada domingo y jugábamos sin darnos cuenta de que el

1 **el hueco:** Loch, Lücke; hier: Nische. | 3 **invadir a alg.:** jdn. überkommen/durchströmen. | 6 **insostenible:** unhaltbar. | **echar de menos a alg.:** jdn. vermissen.

tiempo se pasaba volando. Siempre llorábamos porque no queríamos regresar a casa, pero había una fábula que decía que, si nos cogía la noche en el río, existían diablos que salían del agua. Si te atrapaban, ¡te llevaban con ellos al fondo! Como imaginaréis, esto nos aterraba de miedo. Os vais a reír pero, incluso ahora de mayor, sigo creyendo en esta fábula.

Las otras dos grandes áreas de mi país son: la Alta Guinea que se sitúa en las llanuras del Níger y finaliza en el desierto del Sáhara; y la región de la Selva, cuyo paisaje típico es la jungla. Su clima es tropical y se caracteriza por la alternativa de una estación seca y otra húmeda. Echo de menos este clima tan cálido en el que nunca pasaba frío. Los únicos días de lluvia los pasábamos siempre dentro de casa y, al escuchar la lluvia, sentía una relajación indescriptible. Para mis oídos es un placer escuchar ese sonido que se hace música. En esos días, mi familia y yo compartíamos la misma manta y todos nos agrupábamos. Eran las únicas ocasiones en las que nos juntábamos y disfrutábamos de nuestras charlas, risas, contábamos cuentos …

Os sigo contando un poco más de mi país. El tipo de vegetación típica de Guinea es el árbol de mangle que se extiende por la zona costera. Los ríos más importantes del país y de África occidental nacen en la sierra de Futa Djalon y son Níger, Gambia y Senegal. Aunque en Guinea se hablan más de ocho lenguas autóctonas (basari, malinke, pu-

7 **atrapar algo / a alg.:** etwas/jdn. erwischen/(ein)fangen. | 8 **aterrarse** (e>ie) **de miedo** (m.): sich zu Tode erschrecken. | 11 **la jungla:** Dschungel. | 15 **indescriptible:** unbeschreiblich. | 17 **la manta:** Wolldecke, Bettdecke. | 22 **el árbol de mangle** (m.): Mangrovenbaum. | 26 **la lengua autóctona:** einheimische, indigene Sprache.

lar, soso o kissi entre otros) el idioma oficial es el francés. Sin embargo, en Conakry todas las tribus que viven allí hablan soso. Es la única manera de comunicarnos entre nosotros, porque no todo el mundo tiene la suerte de poder ir a la escuela a aprender el francés. Predomina el islamismo, pero también se practican creencias animistas y existe un pequeño porcentaje de cristianos católicos. En cuanto a su población, la mayoría es de clase humilde y pobre, centrando su actividad en el comercio, la pesca, la cría y la caza de animales.

Después de este inciso (tenía el deseo de hablaros de mi país), volvamos a donde estábamos. Los habitantes de Níger tienen un bajísimo nivel de vida en relación al resto de países africanos. Esta extrema pobreza es debida, entre otras razones, a su alto nivel de corrupción que provoca efectos desastrosos. Desgraciadamente, tuve la ocasión de vivir en primera persona esta corrupción, una depravación que lleva al límite cualquier atisbo de valentía humana.

Para entrar en Tawah era necesario realizar un nuevo pago. A mi llegada, tras el viaje en autobús de línea, recuerdo que la gente de allí me miraba sabiendo que no era una cara conocida de la zona. Cuando bajé del vehículo pregunté al conserje que había en la estación dónde me encontraba

5 **predominar:** vorherrschen, überwiegen. | 6 **la creencia animista:** animistischer Glaube (Animismus meint in der Grundbedeutung den Glauben an die Beseeltheit aller Dinge, der belebten wie der unbelebten. Wird auch als Sammelbegriff für ethnische Religionen verwendet.) | 9 **la cría:** Aufzucht, Zucht. | 11 **el inciso:** Exkurs, Abschweifung. | 17 **la depravación:** Sittenverfall, Verkommenheit. | 18 **el atisbo:** Funken, Hauch, Spur. | 23 **el/la conserje:** Hausmeister(in); hier etwa: Bahnhofsvorsteher(in).

exactamente. Me contestó que estaba en Tawah, en la frontera de Níger-Argelia, y me preguntó que hacia dónde me dirigía. Cuando le respondí que mi destino era Argelia, me dijo que tenía que subir a otro autobús para pasar la frontera. Sin embargo, para mí eso era imposible por la situación irregular en la que me encontraba. Me dio otra opción, que fue esperar hasta la noche, momento en el que vendría una persona que podría ayudarme. Hice tal y como me dijo y pasé la noche en esa estación. Estuve esperando y esperando pero en ningún momento apareció la dichosa persona que me ayudaría. Dormí en el suelo, que era arena. Al amanecer, volvió a aparecer el mismo conserje y este me informó de que el hombre del que me había hablado estaba reuniendo a más personas y que vendría a lo largo de la mañana a recogerme a mí también.

Me llevaron junto a un grupo de otras diez personas que también se dirigían a Argelia formado por mujeres, niños y hombres de diferentes países en la misma situación que yo. Teníamos que esperar en la estación a que se hiciese de noche para atravesar el pueblo y comenzar a caminar para desafiar la frontera. Durante horas, anduvimos alentados por la promesa de que un vehículo nos estaría esperando a mitad de camino. De vez en cuando cruzaba una mirada con algún compañero. Sobraban las palabras. No sabía cómo en tan pocos meses podía haber acabado en esa situación. Era angustioso pensar que no podíamos permitirnos relajar el paso en ningún momento, cualquier persona que se queda-

10 **dichoso/a:** glücklich; (fam.): verflixt, verdammt. | 20 f. **desafiar algo / a alg.:** etwas/jdn. herausfordern, etwas/jdm. trotzen (*el desafío:* Herausforderung, *desafiante:* herausfordernd). | 21 **alentado/a:** ermutigt. | 26 f. **relajar el paso:** langsamer gehen.

ra atrás estaría sola en manos de la suerte y en mitad de la noche. No queríamos correr ese riesgo.

La camioneta que nos llevaría a Argelia estaba estacionada junto a un local abandonado. Un nuevo guía relevaba al chico que nos había llevado hasta allí. Os he de decir, aunque quizás ya lo habréis podido imaginar, que a él también le tuve que pagar. No fueron precisamente muy amables. Nos subieron a empujones en la camioneta que esperaba y rápidamente nos movilizamos para intentar caber. Levábamos varias horas de trayecto, hacinados en ese furgón irrespirable, cuando de pronto el vehículo se detuvo. Nos dijeron que debían ir en busca de gasolina para seguir avanzando, pero nada más lejos de la realidad. La verdad era bien distinta: huían con nuestro dinero y nos abandonaban en mitad de la nada.

¿Dónde queda la ética del bien, el valor de la acción del individuo que intenta ayudar al prójimo por el simple hecho de fomentar la dignidad humana?

2 **correr un riesgo:** ein Risiko eingehen. | 3 **la camioneta** (dim.): Kleinlaster. | 4 **relevar a alg.:** jdn. ablösen. | 8 **el empujón:** Schubs, Stoß. | 10 **hacinado/a:** zusammengepfercht. | **el furgón:** Transporter. | 10 f. **irrespirable:** stickig. | 17 **el prójimo:** Mitmensch. | 18 **fomentar algo:** etwas fördern/unterstützen.

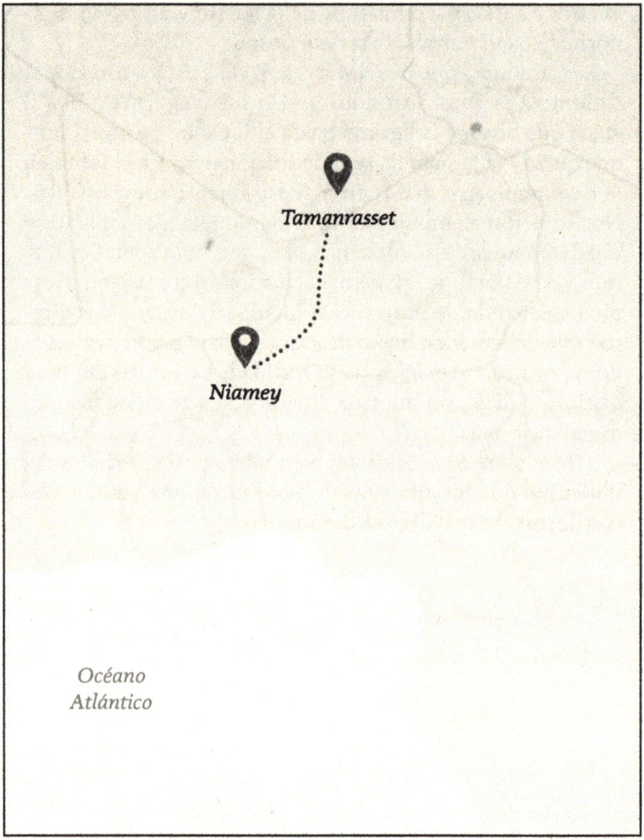
Tamanrasset
Niamey
Océano
Atlántico

4
Tres días en la arena

Habían pasado algo menos de tres semanas desde que salí de Guinea. Por el camino ya había recorrido el trayecto de Guinea a Mali, de Mali a Bamako, de Bamako a Burkina, de Burkina a Níger, de Níger a Niamey, de Niamey a Tawah y de Tawah al desierto del Sáhara, que era donde me encontraba en estos momentos. No era demasiado, sin embargo, me sentía agotado. Afrontaba cada momento con incertidumbre y miedo. Mi gran reto era mantener el ánimo vivo y la cabeza fría, pero los recuerdos y sentimientos encontrados pesaban cada vez más.

Tras varias horas de espera dentro de esa camioneta, nuestras sospechas se confirmaron. Todo formaba parte de una trama muy bien planificada para estafarnos y obtener más dinero a toda costa, sin sentir el más mínimo remordimiento por jugar con el destino de personas que están haciendo todo lo posible por (sobre)vivir.

Perdida la esperanza de que volviesen a por nosotros, debíamos decidir qué hacer. Dejamos la camioneta atrás en el desierto. Nos tocaba caminar. Era de día, no teníamos comida ni bebida, hacía mucho calor. Solo había un árbol en medio de la nada, no había camino, todo era arena. Era tal la

9 **agotado/a:** erschöpft (*agotarse:* ausgehen, aufbrauchen; *el agotamiento:* Erschöpfung). | **afrontar algo:** sich einer Sache gegenüber sehen. | 10 **el reto:** Herausforderung. | 15 **la trama:** Intrige, Komplott; auch (lit.): Handlung. | **estafar a alg.:** jdn. betrügen. | 16 **el/la/lo más mínimo/a:** geringste(r, s). | 16 f. **el remordimiento:** Gewissensbiss, schlechtes Gewissen.

rabia y el odio que sentía dentro de mí, que no podía evitar pensar en la venganza. Un chico del grupo se levantó. Decía conocer bien el camino, por lo que todos estuvimos de acuerdo en que hiciese de guía. A cambio de su servicio nos pidió dinero. No teníamos otra elección si verdaderamente queríamos llegar a Argelia, así que le dimos lo que nos pidió. De sobra sabíamos que esto formaba parte del engaño, aunque en ese momento no lo demostrásemos.

De pequeño me gustaba imaginar cómo sería el desierto. Fantaseaba con la idea de un lugar de ensueño; un manto dorado de interminables kilómetros arenosos, adornado por dunas que el viento reparte a su antojo. Me imaginaba disfrutando de aquel desierto mágico, de la fuerza de la naturaleza a través de sus increíbles puestas de sol, del poder de sus estrellas y sus indescriptibles amaneceres entre palmeras. Verdaderos oasis de paz y reconexión. El desierto más conocido del mundo es el desierto del Sáhara, que ocupa varios países del norte y centro de África. Hundirme en sus finos granos de arena y luchar para no dejarme abatir por su inmensidad, hicieron que mis expectativas de niño se convirtieran en la realidad más cruel.

Cuando el primer guía nos abandonó en la dichosa camioneta con la excusa de ir a por gasolina, nos encontramos con otro grupo de africanos. Éramos un total de cincuenta personas de diversos países, entre los que también había mujeres y niños. Juntos caminamos durante tres días, los

10 **de ensueño:** traumhaft. | **el manto:** Mantel, Umhang, Schicht. | 12 **repartir algo:** etwas verteilen. | **el antojo:** Laune, Belieben. | 16 **la reconexión** (téc.): Wiederanschluss; hier: Sich-Wiederfinden. | 18 **hundirse:** versinken, einsinken. | 19 **abatir a alg.:** jdn. entmutigen/demütigen. | 23 **ir a por algo:** etwas holen gehen.

tres días y las dos noches más largos y angustiosos de mi vida.

Bajo el sol y con la compañía casi permanente de un viento seco y abrasador, la marcha se hacía casi insostenible. El primer día recorrimos unos cincuenta kilómetros a pie. El paso era continuo; sin prisa, pero sin pausa. No nos podíamos permitir perder las fuerzas en escasas horas, pues sabíamos que el trayecto era largo. Pese a las altas temperaturas, afrontamos nuestras primeras horas de travesía con optimismo. Sudábamos. Muchos de nosotros nos fuimos desnudando hasta quedar en ropa interior. Procurábamos no hablar para que el desgaste fuese el menor posible. La poca agua y comida que teníamos no podíamos malgastarla, así que decidimos crear un fondo común que sería racionado.

A medida que avanzábamos por el desierto mis piernas se hacían más pesadas. El corazón me latía con fuerza, aunque hacía todo lo posible por espantar el temor y el vértigo que a veces sentía. Caminábamos en procesión silenciosa, hundiendo en la arena los pasos desganados.

La primera noche comenzaba a caer y debíamos buscar un refugio donde protegernos. Inquieto, intentaba vislumbrar en el horizonte por un atisbo de esperanza que nos permitiese parar para descansar. Lo imposible parecía ha-

4 **abrasador/a:** sengend, glühend. | 9 **la travesía:** Reise. | 13 f. **malgastar algo:** etwas verschwenden/vergeuden. | 14 **el fondo común:** hier etwa: gemeinsame Reserve. | 16 **a medida que:** in dem Maße wie. | 17 **latir:** klopfen, pochen (Herz). | 18 **espantar algo / a alg.:** etwas/jdn. verjagen/verscheuchen. | **el temor:** Furcht, Angst. | **el vértigo:** Schwindel. | 20 **desganado/a:** lustlos. | 22 f. **vislumbrar algo:** etwas ausmachen/erahnen.

cerse realidad. A lo lejos se apreciaba un paisaje completamente diferente, unas pocas formas levantadas en vertical sobre la arena. Aquella ilusión renovó nuestras fuerzas y emocionados echamos a correr. ¡Nos habíamos topado con un campamento abandonado! Casas de barro que algunos nómadas debían haber levantado días atrás para protegerse de las condiciones del desierto. Era el lugar perfecto para reponer fuerzas y pasar la noche.

Los rayos del sol nos despertaron temprano a la mañana siguiente. Antes de ponernos nuevamente en pie teníamos que comer algo. Abrimos dos de las tres latas de comida envasada que nos quedaban y repartimos un poco de pan duro y algo deteriorado. Sabíamos que hasta la siguiente parada al final del día no podríamos permitirnos volver a hacerlo.

Eran alrededor de las ocho cuando nos pusimos nuevamente en marcha, nos esperaban otros cuarenta kilómetros de recorrido. Después de apenas dos horas de haber comenzado a andar el desánimo creció; encontrarnos con los restos de un par de cuerpos, esqueletos sepultados por la arena, hizo que la mayoría empezase a dudar de nuestro destino. Cada vez éramos más conscientes de que el riesgo era muy alto.

Teníamos que seguir andando. Solo nos deteníamos para beber. Nos conformábamos con algunas escasas gotas que

1 **se apreciaba un paisaje:** es zeichnete sich eine Landschaft ab. | 4 **echar a correr:** losrennen. | **toparse con algo:** auf etwas stoßen. | 5 **el campamento:** Lager. | 7f. **reponer** (n > ng) **fuerzas** (m. pl.): wieder zu Kräften kommen. | 12 **envasado/a:** verpackt. | 13 **deteriorase:** schlechter werden, verderben. | 18 **el recorrido:** Weg, Strecke. | 19 **el desánimo:** Mutlosigkeit. | 25 **conformarse con algo:** sich mit etwas begnügen.

calmasen el dolor provocado por las grietas en nuestros labios, lo justo para humedecerlos. En uno de esos altos comenzamos a escuchar voces. Tras una humareda de polvo una camioneta se aproximaba hacia nosotros. Pensábamos que estábamos salvados, pero al parar comprendimos que nos equivocábamos: bandidos tuaregs nos atacaban. Portaban fusiles de asalto. Todo sucedió muy rápido. Nos quitaron la escasa comida que nos quedaba y también el agua. Uno de mis compañeros se negó a perder nuestro sustento. Le dispararon en el estómago antes de darse a la fuga y desaparecer en el horizonte. Apenas fueron unos minutos.

Los gritos de dolor del compañero herido y los de terror del resto rompieron la calma que nos había acompañado a lo largo del día. La sangre teñía el color dorado de la arena. Se retorcía de dolor. El resto empezamos a discutir. No podíamos dejarlo morir allí, pero intentar llevarlo con nosotros era un suicidio. Avanzar tantos kilómetros por la arena ya era un gran esfuerzo y no teníamos la resistencia suficiente para cargar con él. Le dejamos. Ni yo ni el resto de compañeros podremos perdonarnos nunca el no haber hecho nada por salvarlo. El instinto de supervivencia ganaba protagonismo, nos ganaba a nosotros mismos, en la lucha contra la muerte.

Apenas nos dirigimos las miradas durante el resto del

1 **la grieta:** Riss. | 2 **humedecer** (c>zc): befeuchten. | 3 **la humareda de polvo** (m.): Staubwolke (*la humareda:* Rauchwolke). | 6 **los tuaregs:** Nomadenvolk, deren Siedlungsgebiet sich über die Sahara erstreckt. | 9 **el sustento:** Lebensunterhalt; hier: Lebensmittel. | 10 **darse a la fuga:** die Flucht ergreifen. | 14 f. **retorcerse** (orc>uerz): sich krümmen, sich winden. | 21 f. **ganar protagonismo** (m.): die Oberhand gewinnen (*tener un gran protagonismo* [fam.]: eine große Rolle spielen).

día. El calor era insoportable, la sed y el hambre mucho peor. No teníamos agua, tampoco comida. No todo el mundo era capaz de resistirlo. Tres cuerpos se desplomaron inconscientes en la arena. Los demás seguimos caminando. Era angustioso – insoportable – pensar.

Anocheció y la calma resultaba escalofriante. Teníamos que parar para intentar dormir. El guía propuso detenernos a pesar de no tener refugio, ya que la oscuridad de la noche lo desorientaba y podíamos perder el rumbo. Lo convencimos para avanzar algo más, con la esperanza de encontrar aunque fuese algo de vegetación en la que guarecernos. A escasos metros distinguimos dos siluetas. Nos costaba apreciar de qué se trataba. Dos dromedarios yacían muertos. Nunca en mi vida había sido tan cierto aquello de que la necesidad agudiza el ingenio; gracias a ellos nuestra esperanza encontraba una tregua ante tanto desasosiego. Uno de los integrantes del grupo tenía una navaja con la que rajamos el estómago de ambos animales para conseguir agua. También aprovechamos sus cuerpos y pelaje para entrar en calor en medio de la fría noche desértica. Alrededor de ellos fuimos ocupando los diversos huecos que quedaban y así conseguimos conciliar el sueño.

Aquella noche hice lo posible por liberar mi mente y dor-

3 **desplomarse:** zusammenbrechen. | 6 **escalofriante:** unheimlich, schaurig, gruselig (*el escalofrío:* Schüttelfrost). | 11 **guarecerse** (c>zc): Schutz/Zuflucht finden. | 13 **yacer** (c>zc/zg/g): daliegen, liegen, begraben sein. | 14 f. **la necesidad agudiza el ingenio** (loc.): Not macht erfinderisch (*el ingenio:* Erfindergeist, Einfallsreichtum). | 16 **la tregua:** Waffenruhe, Ruhepause. | **el desasosiego:** Unruhe, Beunruhigung. | 17 f. **rajar algo / a alg.:** etwas/jdn. aufschneiden/aufschlitzen. | 19 **el pelaje:** Fell. | 22 **conciliar el sueño:** einschlafen.

mir, pero cada vez que cerraba los ojos revivía una y otra vez lo sucedido. Solo me quedaba rezar para que Dios se apiadase de mi alma y me llevase con él. Quería escapar de aquel infierno. Mi cuerpo se estremecía, sentía mi estómago retorcerse de hambre y dolor. Pese a todo, contemplé la situación a mi alrededor y me autoconvencí con la idea de que no podía dejarme abatir. Sin embargo, y a pesar de este esfuerzo mental, la tristeza me invadiría una vez más a la mañana siguiente cuando descubrí que otros dos miembros del grupo habían fallecido.

Tras tres días de tormento, es normal que la mente te comience a jugar malas pasadas. Diferenciar la realidad de la ficción se hizo cada vez más difícil. El que nos guiaba nos había dicho que la frontera estaba cerca, que allí habría un coche esperándonos.

Era el tercer día de travesía. Algo brillaba a lo lejos. Me estremecí llevado por la emoción, era cierto: veía la frontera con mis propios ojos, cosa que jamás creí posible. ¡Por fin lo habíamos conseguido! Todos nos abrazamos en aquel instante y comenzamos a llorar. Sin embargo, antes de llegar, una nueva prueba nos aguardaba.

Níger y Argelia están separados por una profunda y penetrante zanja. Es un foso de cuatro metros de profundidad aproximadamente que llega de un extremo al otro del desierto. Una zanja de arena que no había manera de

2 f. **apiadarse de alg.:** sich jds. erbarmen. | 4 **estremecerse** (c>zc): zittern, schaudern. | 5 **contemplar algo:** etwas betrachten. | 6 **autoconvencerse** (c>z): sich selbst überzeugen. | 11 **el tormento:** Qual, Pein, Angst. | 12 **jugar** (u>ue) **una mala pasada a alg.:** jdm. übel mitspielen. | 21 **aguardar algo:** etwas erwarten. | 23 **la zanja:** Graben. | **el foso:** (Burg-) Graben. | 24 **el extremo:** äußeres Ende.

rodear. La única salida era saltarla. Al otro lado solo había más desierto, pero nos esperaba un cuatro por cuatro para transportarnos al primer pueblo de Argelia, llamado Tamanrasset. Si cruzar el desierto es arriesgado y complicado, no os podéis hacer una idea del peligro que supone saltar este foso. Es una pena que no tenga fotos de ese momento para poder enseñároslo. Tampoco he sido capaz de encontrar ningún tipo de información sobre ello, curioso ¿verdad? Esta zanja es una de tantas verdades ocultas tras la trayectoria migratoria del continente africano. Verdades que no llegáis ni a imaginar.

Teníamos que saltar la zanja si queríamos pisar tierra argelina. No quedaba otro camino. Ya habíamos perdido a muchos compañeros en el trayecto y, cuando comenzamos a saltar, muchos otros también pondrían fin a su viaje, sepultados en este gran abismo. Unos pasaban, otros caían y quedaban en el fondo del foso. Yo volvía a tener mucho miedo, pero no me quedaba nada que perder. Quería salir de allí a toda costa y, con unas fuerzas que hoy sigo sin explicarme, salté. Salté y atravesé la zanja. Salté y volé los metros que separan Níger de Argelia. Sin mirar atrás corrí todo lo rápido que pude hacia el coche que nos esperaba al otro lado.

Como si de una carrera de obstáculos se tratara, conforme conseguíamos saltar y llegar al coche, nos empujaban a su interior. Seríamos unas veinte personas embutidas en los asientos traseros de un utilitario, tan pegados unos a otros

1 **rodear algo:** etwas umrunden. | 16 **el abismo:** Abgrund, Kluft. | 24 **carrera de obstáculos:** Hindernislauf. | 24 f. **conforme:** (in dem Maße) wie. | 26 **embutir algo de algo:** etwas in etwas hineinpressen/-stopfen. | 27 **el asiento trasero:** Rücksitz. | **el utilitario:** PKW.

que no podíamos movernos y mucho menos acomodarnos. Yo fui uno de los primeros en entrar, y en breve sentí caer el resto de cuerpos encima de mí, aplastándome y asfixiándome. De nuevo abracé la muerte. Una vez más en este viaje sentí que me moría. Apenas me entraba luz. No sentía el aire y el coche ni siquiera se había puesto en marcha. Un compañero se dio cuenta de mi situación y consiguió que el resto del grupo se moviese para que yo pudiese salir.

Os parecerá increíble, pero poco a poco fuimos encajando unos con otros como si de un puzzle se tratase. No nos volvimos a mover durante las más de ocho horas que duró el viaje hasta Tamanrasset, ciudad del sur de Argelia.

Llegados a nuestro destino, sentía los músculos entumecidos. Tres días en el desierto, una zanja imposible, el viaje enlatado. Estirarme y andar fue todo un reto. Nos guiaron hacia una vivienda abandonada y nos metieron en una habitación pequeña. A oscuras y con tan solo algunas mantas sucias, los cuerpos de los que allí estábamos volvían a rozarse y abrazarse hasta recibir nuevas indicaciones.

Es incomprensible como en muchas ocasiones solo damos odio y nos faltan muchas otras cualidades propias del ser humano. A veces, este tipo de actos nos crean tanto dolor que no podemos evitar encerrarnos en él. Necesito reponer fuerzas, hagamos una pausa.

1 **acomodarse:** es sich bequem machen. | 3 **aplastar algo / a alg.:** etwas/jdn. platt drücken / erdrücken. | 3 f. **asfixiarse:** ersticken. | 6 **ponerse en marcha** (f.): sich in Bewegung setzen. | 9 f. **encajar algo:** etwas ineinanderfügen. | 13 f. **entumecido/a:** taub, gefühllos. | 15 **enlatar algo:** etwas in eine Dose abfüllen, eindosen. | **estirarse:** sich strecken/räkeln. | 18 f. **rozarse con algo/alg.:** gegen etwas/jdn. stoßen (*rozar algo / a alg.:* etwas/jdn. streifen/leicht berühren).

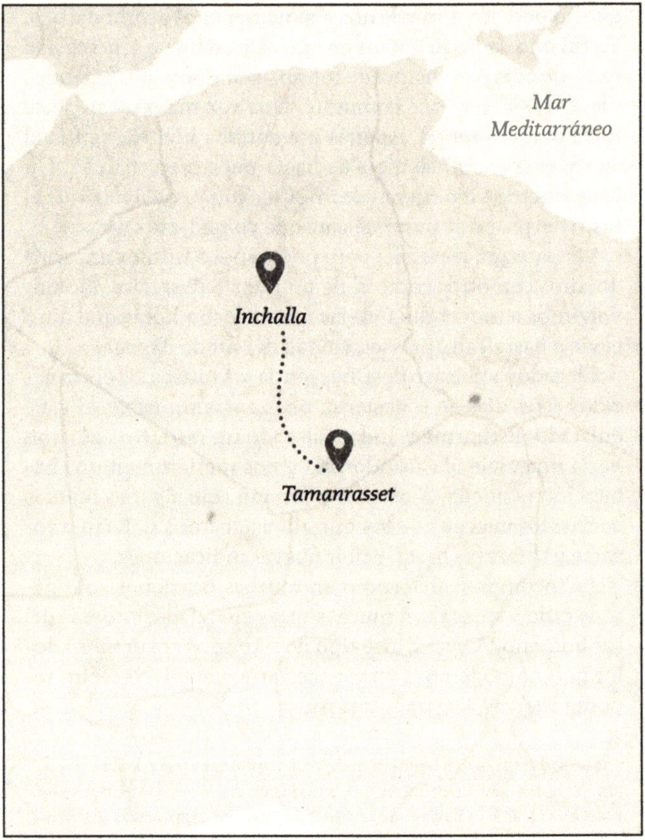
Mar
Meditarráneo
Inchalla
Tamanrasset

5
Lo que os diría si os pudiese volver a abrazar

Me desperté aturdido. Durante unos segundos no fui capaz de identificar el lugar dónde me encontraba. No podía mover bien las piernas, ni tampoco los brazos. La frialdad del suelo se había instalado en mi cuerpo. Me dolía todo, pero al mismo tiempo me sentía feliz porque era consciente de que había conseguido sobrevivir al desierto y llegar al país que tanto me gustaba y en el que tenía puesta todas mis esperanzas. Pronto descubriría que el mundo no es como se ve a través de los libros.

La luz del sol apenas conseguía iluminar la habitación, tan solo algunos rayos traspasaban las telas que tapaban la única ventana con contacto directo con el exterior. Las manchas de suciedad y humedad de las paredes se difuminaban en la oscuridad del ambiente. El olor era intenso. Al igual que yo, el resto de compañeros empezaban a abrir sus ojos y a volver a la realidad.

Necesitaba darme una ducha y comer, así que salí de la habitación, pero rápidamente me detuvo el dueño de la casa. Si quería asearme debía pagar el agua que necesitase gastar. En cierta forma, esto no me asombró. Desde que empecé mi viaje había podido ser testigo de que todo en África tiene un precio, no importa lo simple o cotidiano que pue-

3 **aturdido/a:** benommen, verwirrt. | 5 **la frialdad:** Kälte. | 13 **la tela:** Stoff; hier: Vorhang. | **tapar algo:** etwas verdecken. | 15 f. **difuminarse:** verschwimmen, verschwinden. | 16 **el ambiente:** Umgebung. | 21 **asearse:** sich waschen (*el aseo:* Körperpflege, Toilette). | 22 **en cierta forma** (f.): in gewisser Weise.

da ser o parecer. Le dije que también necesitaba comer, quería salir a comprar algunos alimentos y pisar las calles de Argelia.

Me sentí profundamente decepcionado y desilusionado – perplejo – al recibir la rotunda negativa a mi solicitud. Debíamos permanecer escondidos. Nadie podía vernos, ni escucharnos o avisarían a la policía y nos llevarían de nuevo al desierto. El país que yo tanto había idealizado comenzaba a mostrarme uno de sus lados más crueles, el de su racismo.

Echaba de menos a mi familia. Después de tantos días pensaba en qué habría sido de ellos, de mis padres y hermanos. Deseaba saber si se encontraban bien, si habían abandonado la prisión. Casi sin darme cuenta, en una mezcla confusa de nostalgia y realidad, las personas que conmigo compartían este viaje se estaban convirtiendo en la familia que tanto añoraba y que tanto deseaba volver a ver. No solo éramos compañeros, también éramos confidentes. Durante los diez días que pasé en la habitación de aquella casa, ellos fueron mi refugio, mi apoyo y mi todo.

Tres mujeres y un niño de Camerún, un chico procedente de Gambia, otro de Liberia, dos senegaleses y cinco guineanos. Los doce éramos una pequeña representación de la migración subsahariana que sufre el racismo y la xenofobia de Argelia, cuya principal preocupación es la de sobrevivir tras semanas y meses de un confinamiento obligado.

Necesitábamos asimilar lo que estaba sucediendo. Me

4 **decepcionado/a:** enttäuscht. | 15 **compartir algo con alg.:** etwas mit jdm. teilen. | 17 **el/la confidente:** Vertraute(r). | 20 f. **procedente de:** aus, kommend von. | 23 **la xenofobia:** Ausländerfeindlichkeit, Fremdenfeindlichkeit. | 25 **el confinamiento:** Eingesperrtsein, Ausgangssperre. | 26 **asimilar algo:** etwas begreifen/wegstecken.

costaba aceptar que realmente hubiésemos llegado a uno de los países más ricos del continente y que sin embargo tuviese que ocultarme. Era injusto. Muchos argelinos olvidan que ellos también son africanos.

Aquella segunda noche fue difícil conciliar el sueño. El miedo a que nos escucharan hablar nos obligó a acercarnos más aún, como si de una conspiración se tratase. Durante varias horas compartimos nuestros miedos hasta que el silencio ganó protagonismo. Poco a poco, nuestros cuerpos se fueron acomodando, eligiendo la posición que debíamos mantener hasta la mañana siguiente. Casi resultaba un alivio que el único sonido que se escuchaba de vez en cuando fuera el de nuestra respiración. Así, conseguíamos liberarnos de nuestros pensamientos para caer en el abismo de los sueños.

Independientemente de si tienes estudios o no, cuando los africanos del sur del Sáhara llegan a Argelia, Túnez o Marruecos se ven obligados a trabajar como personal de limpieza o como obreros de la construcción. Esa sería la proposición que el dueño de la casa nos haría a la mañana siguiente.

Si queríamos permanecer allí, teníamos que pagar, y para poder pagar no había otra opción más que la de trabajar para ellos. Podíamos decir que estábamos ante una tolerada trata de esclavos de manos de africanos magrebíes.

Yo seguía conservando parte del dinero que el amigo de mi padre me había proporcionado, por lo que no estaba dis-

11 f. **el alivio:** Erleichterung. | 17 **Túnez:** Tunesien (Staat); Tunis (Hauptstadt von Tunesien). | 20 **la proposición:** Vorschlag, Angebot. | 24 f. **la trata de esclavos** (m.): Sklavenhandel. | 25 **magrebí:** maghrebinisch, aus dem Maghreb stammend, d. h. aus Tunesien, Nordalgerien oder Marokko.

puesto a entrar en el juego. Quería salir de allí a toda costa y dirigirme hacia Argel, la capital. Mis compañeros, sin embargo, no tuvieron más remedio que aceptar.

Todos los días salían bien temprano hacia la obra y no volvían hasta el anochecer. Eran explotados y maltratados. Pero, al igual que en otras ocasiones, todo estaba perfectamente planificado. Los responsables de este engaño siempre se las apañaban para manipularnos a través de uno de nosotros. Jugaban con nuestra desesperación y necesidad de subsistencia. A cambio de comida, casa y algo más de libertad elegían a un inmigrante de África occidental (Guinea, Senegal, Camerún …) para que les ayudase a atraer más subsaharianos a los que engañar. Una vez aceptaban ser parte del juego, no había marcha atrás. A cualquier intento de fuga le aguardaba solo soborno y tortura.

Las mujeres corrían aún peor suerte. Para poder seguir avanzando, las más afortunadas eran obligadas a prostituirse, las otras eran vendidas y más tarde abandonadas.

Una noche estaba a punto de dormirme cuando el dueño de la casa entró en la habitación y me ordenó salir. Le pregunté qué ocurría, pero no me contestó. Recorrimos en silencio varias calles cercanas a pie y me llevaron a una de las casas que estaban construyendo. Allí aguardaba un coche que partiría con dirección a Inchalla, la segunda ciudad más importante de Argelia.

2 **Argel:** Algier (Hauptstadt von Algerien). | 4 **la obra:** Werk; hier: Baustelle. | 10 **la subsistencia:** Lebensunterhalt, Existenzgrundlage. | 14 **no hay marcha atrás:** Es gibt kein Zurück (*la marcha atrás:* Rückwärtsgang, Kehrtwende). | 15 **el soborno:** Bestechung, Schmiergeld. | 24 **Inchalla:** In Salah (Hauptort der gleichnamigen zentralalgerischen Provinz, traditionell und bis heute wichtige Station auf der Transsahararoute).

Me da la sensación de que cuando digo que un coche nos esperaba, seguramente penséis en un viaje relativamente normal, uno de esos rutinarios desplazamientos que casi todos hacéis regularmente. Pues bien, volvamos a donde estábamos, que os voy a poner en situación:

Habían quitado todos los asientos traseros del coche para meter a quince personas y recorrer 600 kilómetros. Apretujados en escasos metros, el viaje no resultó muy tranquilizador. Los dos conductores bebían y fumaban sin parar y sólo se dirigían a nosotros para insultarnos. Durante todo el trayecto las ventanillas estuvieron cerradas, el humo inundó el ambiente y el hedor pronto se volvió insoportable. Me asfixiaba. De nuevo quise morir. Sin saber a dónde me dirigía ni por qué, no pude evitar llorar y rezar una vez más para que Dios acogiese mi alma.

Después de cinco horribles e interminables horas, el coche se detuvo. Nos dijeron que teníamos que continuar el trayecto a pie. Me sentí aliviado, pero este sentimiento duró poco tiempo. La mala noticia era que Inchalla se encontraba al otro lado del desierto. Teníamos que atravesarlo y otra persona nos esperaría allí. Al volver a escuchar la palabra desierto todo mi cuerpo se estremeció. Llegados a aquel punto temía seguir, supongo que lo entenderéis. El recuerdo de los tres días vividos en el desierto del Sáhara se apoderó de mi mente. El pánico me impedía caminar. Paralizado por el terror me desplomé y caí en la arena. No estaba

3 **el desplazamiento:** Standortwechsel, Ortsveränderung. | 7f. **apretujado/a:** dicht gedrängt. | 12 **inundar algo:** etwas überfluten; hier (fig.): etwas erfüllen. | **el hedor:** Gestank. | 15 **acoger** (g>j) **algo / a alg.:** etwas/jdn. aufnehmen/empfangen. | 24f. **apoderarse de algo/alg.:** sich etwas/jds. bemächtigen, jdn. überwältigen. | 25f. **paralizado/a:** gelähmt.

preparado para revivir de nuevo aquella experiencia. Mis compañeros hicieron todo lo posible por reanimarme, pero mi cuerpo no respondía. Hacía calor, y yo sin embargo sólo sentía frío. El corazón me latía muy lentamente. Tenía las manos heladas. Entre todos ellos me levantaron y me portaron hasta conseguir salir del desierto.

Miedo a tener miedo. Se necesita mucho tiempo para superar experiencias traumáticas. Es horrible cerrar los ojos y revivirlas pese a encontrarte a salvo. Pensar en cosas positivas me reconforta, por ejemplo en mis compañeros y en su apoyo incondicional. Esa nueva familia que encontré a mi llegada a Argelia. Me daban muchos ánimos a pesar de la dureza de la situación en la que también ellos se encontraban. Compartíamos la poca comida que teníamos entre unos y otros. Gracias a ellos conseguía sacar una sonrisa, me hacían reír a pesar de todo el horror que estábamos viviendo. Siempre los llevaré en mi corazón.

7f. **superar algo:** etwas überwinden/aufarbeiten. | 9 **a salvo:** in Sicherheit. | 10 **reconfortar a alg.:** jdn. trösten. | 11 **incondicional:** bedingungslos, vorbehaltslos. | 12 **dar ánimo** (m.) **a alg.:** jdn. aufmuntern, jdm. Mut einflößen.

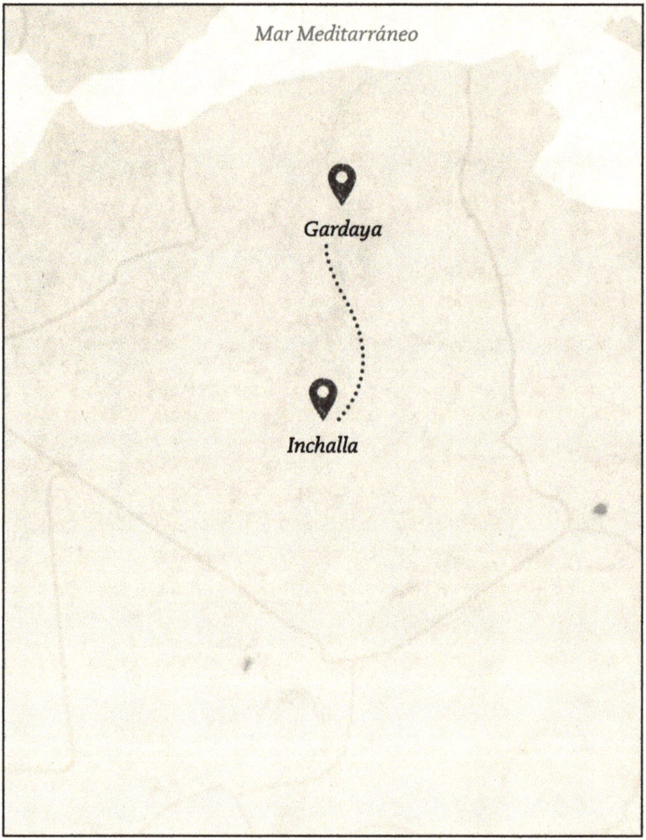
Mar Meditarráneo
Gardaya
Inchalla

6
Si nos caemos mil veces, nos levantamos mil veces más

Cuando llegamos a Inchalla nos escondieron en una vivienda que estaba en construcción. Fue en ese momento cuando desperté. Al levantar la cabeza distinguí las figuras de mis compañeros. Como sabéis, gracias a ellos había conseguido llegar hasta allí. Entre lágrimas, les di un abrazo muy fuerte y cálido, tras el que me sentí mucho mejor. Era mi forma de corresponderles. Podían haberme dejado allí …

Enseguida llegó un coche que nos llevó a otra casa, o, más bien, lo que parecía ser una casa. Estaba casi en ruinas; no tenía techo, las habitaciones se comunicaban unas con otras a través de muros medio abatidos y no había suministro eléctrico. Tampoco había agua, por lo que el aseo era imposible. Aquella casa era un hervidero de personas las cuales solo paraban para descansar al anochecer. Durante el día, estas partían en distintos turnos para trabajar en las obras que tenían asignadas. También los explotaban. Se tenían que enfrentar a largas jornadas de trabajos forzosos sin obtener ninguna compensación económica a cambio. La única agua que se podía conseguir provenía de un pozo cercano cuyas condiciones eran repugnantes. Os podéis hacer una idea de la situación. El miedo a regresar y una falsa esperanza de mejora era lo que hacía que la gente se quedara allí.

13 f. **se comunicaban unas a otras:** sie waren miteinander verbunden. | 14 **abatido/a:** eingestürzt. | 14 f. **el suministro eléctrico:** Stromversorgung. | 16 **el hervidero:** Gewimmel. | 19 **asignado/a:** zugeteilt, zugewiesen.

El responsable de todo aquello se acercó y nos observó con una mirada que vacilaba entre el desprecio y la superioridad. Hablé con él y le dije que me quería marchar, que quería seguir el viaje hacia la capital. Tras horas de llamadas y consultas me confirmó que una furgoneta me recogería, pero tenía que pasar la noche allí. Busqué un hueco en una de las habitaciones y me senté con la mirada perdida. Poco a poco fue anocheciendo. En la oscuridad, los malos pensamientos se agitaban más en mi mente, quería ahuyentarlos. Apoyé la cabeza entre mis piernas y cerré los ojos ¿Cómo podía conseguir calma en aquel mundo de locos?

El conductor de la furgoneta nos esperaba a mí y a otras dieciséis personas más. Condujo durante varias horas hasta llegar a una montaña. Nos bajamos y nos obligaron a seguir a pie para llegar al otro lado de la cima donde nos aguardaba otro coche.

El camino era pedregoso y empinado. Había que ser muy cauteloso de andar hábilmente y sin hacer ruido, ya que la policía estaba cerca y no nos podían descubrir. La marcha duró dos horas. Sin descanso, ni siquiera para beber, bordeamos un camino estrecho y dominado por curvas en el que, a veces, parecía imposible seguir caminando sin caer al vacío. Al intentar guardar el equilibrio sentía tirones en mis

2 **vacilar:** schwanken, pendeln; auch: zögern. | **el desprecio:** Verachtung, Geringschätzung. | 5 **la furgoneta** (dim.): Lieferwagen, Kleinlaster. | 8 **ir anocheciendo:** allmählich Nacht werden. | 9 **agitarse:** sich aufregen, zappeln. | **ahuyentar algo / a alg.:** etwas/jdn. verjagen/verscheuchen. | 15 **la cima:** (Berg-)Gipfel, Bergkuppe. | 17 **pedregoso/a:** steinig. | **empinado/a:** steil. | 18 **cauteloso/a:** vorsichtig, umsichtig. | 20 f. **bordear algo:** etwas (Weg) entlanggehen. | 23 **el tirón:** Zucken, Zerren; hier: Krampf.

piernas. Me angustiaba la posibilidad de resbalar, como le ocurrió a Algassoumou, uno de los chicos que estaba conmigo en el viaje. Apenas tenía el espacio justo para pasar, dobló el pie y rodó montaña abajo varios metros. Le escuchábamos llorar, pero no podíamos detenernos. Consiguió agarrarse a una rama y después de dar varias patadas descontroladas logró apoyar los pies. Se aferró aún con más fuerza. Sus gritos de socorro retumbaban en nuestros oídos y nuestra impotencia creció al no poder ofrecerle ayuda. Al cabo de unos minutos, se hizo el silencio. Algassoumou había caído.

No veíamos el momento de alcanzar la cima. Cada vez que escuchábamos perros ladrar nos tirábamos al suelo y nos escondíamos. El guía nos animaba a seguir, asegurando que pronto nos encontraríamos con el coche. Yo sabía que aquel coche no iba a ser nuestra salvación, que las condiciones serían de nuevo infrahumanas, pero, después de todo, ya había sobrevivido a varios traslados y tenía más posibilidades de sobrevivir a otro que de salir ileso de aquel bosque.

Así fue. El coche que nos esperaba tras la montaña tenía capacidad para cinco personas y nosotros éramos dieciséis. Los seiscientos kilómetros que recorrimos volvieron a ser un auténtico infierno. Sentía rabia y odio una vez más ¿de-

1 **resbalar:** ausrutschen. | 4 **doblar el pie:** umknicken. | **rodar** (o > ue): rollen, kullern, sich drehen. | 6 **agarrarse a algo:** sich an etwas festhalten. | **la patada:** Tritt, Fußtritt. | 7 **aferrarse** (e > ie) **a algo/alg.:** sich an etwas/jdn. klammern. | 8 **retumbar:** widerhallen. | 9 f. **al cabo de:** nach. | 12 **no ver la hora (el momento) de hacer algo:** es kaum erwarten können, etwas zu tun. | 16 **la salvación:** Rettung (*salvar algo / a alg.:* etwas/jdn. retten). | 17 **infrahumano/a:** menschenunwürdig. | 19 **ileso/a:** unversehrt, unverletzt.

bía dejarme llevar por la venganza o actuar con cordura? Cada vez que conseguía avanzar, tenía que pasar por nuevas situaciones de dolor y sumisión. No podía culparme por ello. Todas esas experiencias eran las causantes de este tipo de sentimientos. Tenía que seguir intentándolo. A estas alturas no era el momento de retroceder.

A las siete de la mañana llegamos a Gardaya. Estaba amaneciendo, por lo que teníamos que escondernos una vez más. El conductor paró bajo un puente. Nos gritaba para que nos apresuráramos en salir, tenía miedo de que pudiesen verlo con nosotros y la policía lo apresase.

Cuando se marchó nos quedamos solos. No conocíamos la ciudad. Las únicas indicaciones que nos habían dado eran la de buscar una casa de inmigrantes clandestina y la de evitar ser vistos. Quería llegar al final de aquel viaje, por lo que ya no me iba a asustar. Si caminábamos a plena luz del día nos podían descubrir con mayor facilidad. Reunimos algo de dinero entre todos y localizamos a un chico, también negro, que nos llevó hasta la casa que buscábamos. Aquel chico no nos encontró por casualidad. Como ya había visto en otras ocasiones, era un gancho para reclutar inmigrantes.

Pese a todos los escenarios que ya había presenciado en apenas un mes, no podía dejar de asombrarme cada vez que

1 **dejarse llevar por algo:** sich in etwas hineinsteigern, sich von etwas mitreißen lassen. | **la cordura:** Verstand. | 3 **la sumisión:** Unterwerfung. | 4 **el/la causante:** Verursacher(in); hier: Ursache. | 7 **Gardaya:** Ghardaia, Oasenstadt in der gleichnamigen algerischen Provinz. | 7f. **amanecer** (c>zc): dämmern. | 10 **apresurar a alg.:** jdn. drängen. | 11 **apresar a alg.:** jdn. verhaften. | 13 **la indicación:** Hinweis. | 16 **a plena luz del día:** am helllichten Tag. | 21 **el gancho** (fam.): Lockvogel. | **reclutar:** anwerben.

llegaba a uno nuevo. Nunca habría sido capaz de suponer todo lo que escondía la vida fuera de mi pequeña historia en Guinea junto a mi familia y amigos. Ya nada me parecía lógico, era como si el mundo hubiese perdido el rumbo. La casa a la que habíamos llegado era un nuevo punto de explotación. Los inmigrantes que allí mal vivían tenían que trabajar clandestinamente para poder dormir en el suelo y poder obtener algo de alimento. Todos los días ponían en riesgo sus vidas cuando salían a trabajar, pero la necesidad era más fuerte que el miedo a ser detenidos.

La semana que allí pasé fue difícil. La diversidad de personas complicaba la convivencia. No todo el mundo estaba dispuesto a ayudarse como había ocurrido en otros grupos. Éramos muchos para ir al baño, dormir y comer. Algunos aprovechaban la más mínima incidencia para pelear y fomentar el malestar. La falta de privacidad se había convertido en la menor de las preocupaciones. La higiene brillaba por su ausencia. Había cucarachas por todos lados y muchos enfermos con enfermedades contagiosas, por no hablar de la trata de mujeres de las que abusaban sexualmente. En aquel momento era mejor no pensar en ello. Ahora que al escribir vuelvo a recordarlo, sí que siento la necesidad de revivirlo. No os podéis hacer una idea de lo que sufro al hacerlo, de lo difícil que está siendo escribir este libro, pero quiero haceros partícipes de todas estas historias y de los fantasmas que aún hoy me persiguen. Creo que es importante hacerlo. Creo que es importante que lo sepáis.

12 **la convivencia:** Zusammenleben. | 15 **la incidencia:** Zwischenfall, Vorfall. | 16 **el malestar:** Unbehagen, Unruhe; auch: Unwohlsein. | 18 **la cucaracha:** Kakerlake. | 20 **la trata:** Sklavenhandel, Menschenhandel.

Mi intención era seguir el camino hacia Argel, la capital. Era consciente de que el riesgo aumentaba a cada paso. La capital era grande y tendría mayores probabilidades de que me capturasen. El encargado de la casa nos propuso ir a Orán, ciudad del Noreste de Argelia. La diversidad social de aquella ciudad le había concedido una mentalidad más abierta que haría más fácil nuestra integración. No era lo que yo había planeado, pero dadas las circunstancias era la mejor opción. En esta ocasión sólo viajamos cuatro personas. Cogimos un taxi que nos llevó a las afueras de Gardaya y al anochecer nos montamos en otro vehículo, previo pago, en el que recorrimos ochocientos kilómetros (lo más parecido a un viaje «normal» que había hecho desde hacía mucho tiempo).

Cuando descubres el poder de tu fuerza interior, hasta donde eres capaz de aguantar ante el dolor y la adversidad, es cuando tomas conciencia de tu evolución y crecimiento como persona. Te das cuenta que por mucho que la vida insista en ponerte a prueba no hay cabida a la resignación. Yo, al igual que muchos otros compañeros, he luchado mucho para llegar hasta aquí. Sois testigos (ya no podéis escapar de esta historia) de que no ha sido nada fácil.

4 **capturar:** ergreifen, festnehmen. | **el encargado / la encargada:** Verwalter(in). | 5 **Orán:** Oran, an der Küste gelegen und die zweitgrößte Stadt Algeriens. | 6 **conceder algo:** etwas verleihen. | 11 **montar(se) en un vehículo:** in ein Fahrzeug einsteigen. | 11 f. **el previo pago:** Vorkasse, Vorauszahlung (*previo/a:* vorhergehend, vorherig). | 16 **aguantar:** ausharren, aushalten. | **la adversidad:** Widrigkeit. | 19 **la cabida:** Fassungsvermögen; hier: Platz.

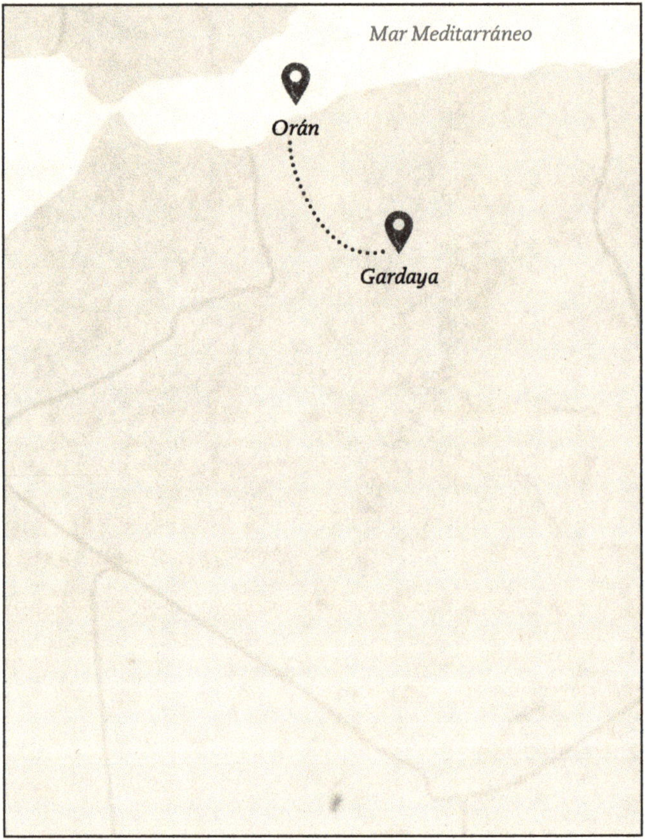
Mar Meditarráneo
Orán
Gardaya

7
Un soplo de aire fresco. Una nueva huida.

Mi llegada a Orán fue un punto de inflexión en el viaje. Después de tantas semanas de temor e intranquilidad, el destino me daba una tregua. Por primera vez en muchos días podía caminar a la luz del día sin esconderme. Me sentía libre. Respiraba paz. Esta ciudad era diferente al resto de lugares que había atravesado. Las personas que a mi paso encontraba eran amables, simpáticas y serviciales. Muchas de ellas me saludaban e incluso me ofrecían ayuda. Había encontrado el mejor bálsamo para mi ánimo deshecho. Necesitaba pellizcarme, me preguntaba si lo que estaba sucediendo era real o formaba parte de un sueño, de uno de los tantos que había tenido desde que me obligaron a abandonar mi hogar.

Quería encontrar alojamiento, un lugar seguro donde poder descansar y asearme dignamente. Le pregunté a un señor que me crucé en el camino. No podía ir a ningún sitio, ya que no tenía documentación. Cerca de allí había un bloque de pisos en el que vivían africanos. Me apresuré hacia el lugar. Parecía que por primera vez las cosas empezaban a irme bien. Del mismo modo que el destino me cru-

2 **soplo:** Hauch. | 4 **el punto de inflexión** (f.): Wendepunkt. | 10 **servicial:** hilfsbereit. | 12 **deshecho/a:** aufgewühlt, zerrüttet. | 13 **pellizcar a alg.:** jdn. kneifen. | 19 **cruzarse con alg.:** jdn. zufällig treffen. | 20 **la documentación:** Unterlagen, Ausweispapiere. | 21 **apresurarse:** sich beeilen, hasten.

zaba con personas indeseables, también me bendecía con ángeles de la guarda. Una pareja de Camerún me acogió amablemente y este se convirtió en mi refugio a lo largo de los siguientes dos meses.

El dinero que me había entregado el capitán Mouctar a mi salida forzosa de Guinea se me agotaba. Si quería sobrevivir, debía buscar la manera de conseguir ingresos. A través del hombre con el que vivía encontré trabajo en una obra. Sus dueños eran asiáticos. Pese a la dificultad de las labores propias de la construcción, estaba contento. Las condiciones, lejísimos de las que tenía en mi país natal, no se asemejaban en absoluto a aquellas que semanas atrás había visto soportar por parte de mis compañeros. Me pagaban la mitad del sueldo base establecido, pero para mí era más que suficiente.

Me gustaba Orán tanto como sabía que no sería mi destino definitivo. Yo quería prosperar y seguir avanzando en el viaje, pero tenía que trabajar y ahorrar durante un tiempo para poder proseguir. Aquellas fueron unas semanas extrañas. La rutina impuesta por la necesidad de sobrevivir se mezclaba con momentos de hermosa tranquilidad y convivencia con otros africanos. A veces paseaba, frecuentaba algún bar o simplemente compartía charlas y risas en cualquier escalón con algún compañero.

1 **indeseable:** unerwünscht. | **bendecir** (ec>ig) **algo / a alg.:** etwas/jdn. segnen. | 2 **el ángel de la guarda:** Schutzengel. | 6 **agotar algo:** etwas aufbrauchen. | 7 **los ingresos** (pl.): Einkünfte. | 12 **asemejarse a algo:** einer Sache ähnlich sein. | 14 **el sueldo base establecido:** übliches Grundgehalt, Mindestlohn. | 17 **prosperar:** Erfolg haben, vorankommen. | 19 **proseguir** (e>i): weitermachen. | 20 **impuesto/a:** aufgezwungen, auferlegt. | 24 **el escalón:** Stufe, Treppenabsatz.

Pese a que el clima de tensión de los últimos meses había desaparecido, no podía evitar sentir un cierto recelo. De vez en cuando nos llegaban rumores de revueltas y agresiones a grupos subsharianos. En realidad, no sabíamos muy bien qué estaba por venir.

Una tarde que acababa del volver del trabajo, estaba tumbado tranquilamente en mi cama cuando la puerta del dormitorio se abrió de pronto provocando una gran corriente de aire que sacudió los cristales. Varios policías irrumpieron en la habitación. Me arrestaron. Desconcertado, quería que me diesen una explicación, pero sólo recibí golpes e insultos. A empujones y entre lágrimas me metieron en un coche.

Llegamos a una cárcel. Me golpearon la cara con una porra, me tumbaron y me desnudaron. La cabeza me iba a estallar, no sólo de dolor, también del pánico que sentía. Uno de los policías se puso unos guantes e introdujo sus dedos por todos los orificios de mi cuerpo. Buscaban dinero, pero no encontraron nada. No podía resistirlo. Lloraba de miedo, de impotencia, de humillación. Dolor y rabia. Me levantaron y me tiraron en una celda. Perdí la noción del tiempo agazapado en una esquina. En la celda, había otros dos chicos negros, uno de Guinea y otro de Liberia. Ninguno sabíamos el motivo de nuestro arresto.

2 **el recelo:** Misstrauen, Argwohn. | 6 f. **estar tumbado/a:** liegen. | 8 f. **la corriente de aire** (m.): Luftzug. | 9 **sacudir algo / a alg.:** etwas/ jdn. erschüttern/rütteln. | 9 f. **irrumpir en algo:** in etwas eindringen/ hineinplatzen. | 15 **la porra:** Schlagstock, Knüppel. | 16 **estallar:** explodieren, platzen. | 18 **el orificio:** Öffnung. | 20 **la humillación:** Demütigung. | 21 f. **la noción del tiempo:** Zeitgefühl. | 22 **agazaparse:** sich kleinmachen/ducken.

Me retuvieron en esa prisión durante una semana hasta que se hubiese celebrado un supuesto juicio. Tras preguntarme el nombre y lugar de procedencia, me obligaron a firmar un papel y me dijeron que me deportarían a mi país. Fuimos trasladados a una fábrica abandonada. Pretendían engañarnos con la idea de que la Cruz Roja se haría cargo de nosotros, pero sabíamos que todo era mentira.

No tardamos en descubrir que la policía del país estaba llevando a cabo una limpieza étnica. Querían hacer desaparecer a todos los negros que allí nos encontrábamos.

Nos encerraron en esta fábrica. La entrada estaba custodiada por varios hombres vestidos de paisano. Sólo teníamos acceso a una sala, en penumbra intermitente al paso de las linternas con las que nos alumbraban cada vez que un nuevo grupo llegaba. Al fondo, una ventana permitía que entrase un poco de aire. El único trozo de cielo que desde allí se podía ver se hacía pequeño. No había baño. Teníamos que hacer nuestras necesidades en cualquier esquina, por lo que el olor era cada vez más insoportable. El hambre se acrecentaba. Nos daban de comer una sola vez en el día, y la comida estaba caducada. La situación era desesperada. El agotamiento físico y mental hacía mella entre todos noso-

2 **celebrar un juicio:** eine Verhandlung abhalten, einen Prozess führen. | **supuesto/a:** angeblich, vermeintlich. | 5 **pretender hacer algo:** versuchen/die Absicht haben, etwas zu tun. | 11 f. **custodiar algo / a alg.:** etwas/jdn. bewachen. | 12 **de paisano:** in Zivil (*el paisano / la paisana:* Zivilist[in]). | 13 **la penumbra:** Halbschatten, Halbdunkel. | **intermitente:** blinkend, aussetzend, mit Unterbrechungen. | 14 **alumbrar algo / a alg:** etwas/jdn. anleuchten/anstrahlen. | 19 f. **acrecentarse** (e > ie): zunehmen, größer werden. | 21 **estar caducado/a:** das Verfallsdatum überschritten haben. | 22 **hacer mella:** sich bemerkbar machen.

tros. Algunos rezaban, otros dormían. Estaban los que lloraban, los que se lamentaban o los que gritábamos pidiendo ayuda y auxilio.

Abatido me dejé caer sobre una pared y miré hacia la ventana. Tenía la mirada perdida pero de repente fui consciente de que esta no tenía cristal sino un par de barrotes oxidados. Si los rompíamos, podríamos tener una vía de escape. Era nuestra única esperanza. Nos organizamos y nos concentramos en cumplir nuestro objetivo.

En mitad de la noche nos despertamos. No todos los que allí estábamos se planteaban unirse a la huida. Las escasas dimensiones de la ventana tampoco hacían posible que cualquiera pudiese atravesarla. Sin hacer ruido, el primero saltó. Yo fui el cuarto. Desafortunadamente, el compañero que pasó detrás de mí era más voluminoso. El espacio era muy reducido y se quedó atascado. Tiramos de él como pudimos, no podíamos permitir que se rindiera ni dejarle ahí. Cayó estrepitosamente contra el suelo y el ruido despertó a los vigilantes, por lo que nadie más pudo saltar.

Como alma que lleva el diablo, corrimos hacia el bosque para escondernos. Permanecimos ocultos durante todo un día, sin movernos, sin comer. No queríamos correr ningún riesgo. Se hizo la calma, habían dejado de buscarnos y yo

2 **lamentarse de algo:** über etwas jammern/klagen. | 3 **el auxilio:** Hilfe, Beistand. | 4 **abatido/a:** mutlos, niedergeschlagen. | 6 **el barrote:** Gitterstab. | 14 **desafortunadamente:** unglücklicherweise. | 15 **voluminoso/a:** korpulent. | 16 **quedarse atascado/a:** stecken bleiben (*el atasco:* Verstopfung, Stau). | 17 **rendirse** (e>i): aufgeben, kapitulieren. | 18 **estrepitosamente:** lärmend, krachend (*el estrépito:* Lärm, Getöse). | 20 **como alma** (f.) **que lleva el diablo** (loc.): wie vom Teufel verfolgt, wie ein geölter Blitz.

quería ir a mi alojamiento para recuperar el dinero que en este tiempo había ahorrado. Anduve durante muchas horas. Me aterraba la idea de que me capturasen. Cuando llegué al piso, me encontré con la pareja que me había acogido. Estaba muy nervioso. Quería salir de allí lo antes posible pero no sabía hacia dónde. Poco a poco consiguieron que me tranquilizase y después de sopesar varias ideas me aconsejaron partir hacia Marruecos. Ellos tenían un amigo de confianza que podía ayudarme. Que finalmente esto fuese un buen plan, ya lo valoraréis vosotros.

De todos es sabido que hay ángeles disfrazados de seres humanos que te los presenta el destino cuando más los necesitas. Te ayudan incondicionalmente. Me siento afortunado de haberme cruzado con varios de ellos. No hace falta nombrarlos, ellos bien saben quiénes son. Gracias por cuidarme y cambiar mi vida.

3 **aterrar a alg.** (e>ie): jdn. entsetzen, jdm. Angst machen. | 7 **sopesar algo:** etwas abwägen. | 11 **disfrazado/a:** verkleidet (*disfrazarse:* sich verkleiden). | 13 **incondicionalmente:** vorbehaltlos, bedingungslos.

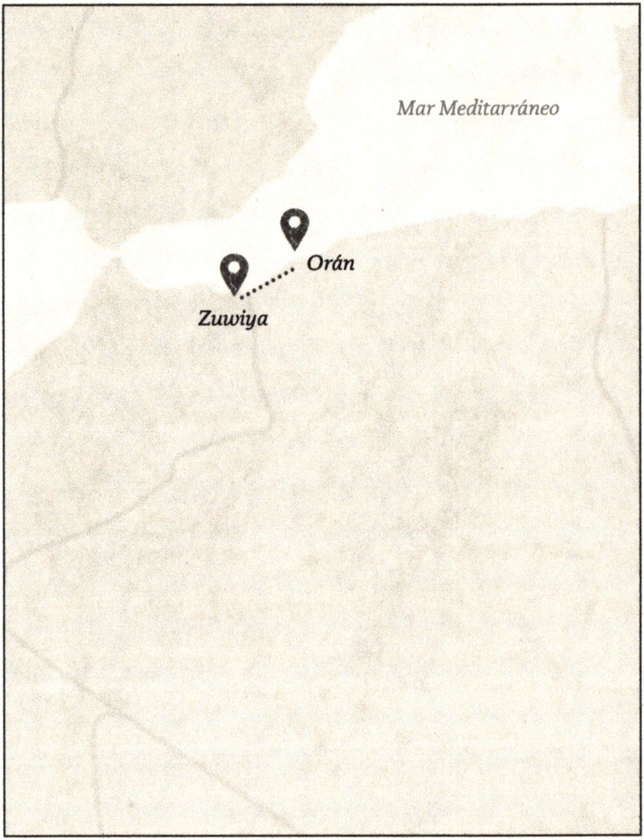
Mar Meditarráneo
Orán
Zuwiya

8
Ladrones de esperanza

Acordamos reunirnos a las cinco de la mañana en la escuela abandonada que había a escasos metros de allí con un guía que me llevaría hasta Marruecos. Necesitaba tiempo para ordenar mis emociones y asimilar todo lo que había ocurrido en los últimos días.

Incapaz de permanecer más tiempo en aquella casa, me marché una hora antes de lo previsto. Deambulé por varias calles aturdido y resignado. La noche era mi aliada. Era consciente de mi estado de debilidad y el camino hasta Marruecos no sería nada fácil. Por unos instantes dudé y sopesé la idea de quedarme en Orán. Me escondería un tiempo a la espera de que la situación mejorase, después de todo, desde que comencé el horrible viaje, esta ciudad había sido la única que me había ofrecido también días de calma y bienestar. Me sentía agotado de tener que seguir huyendo, pero del mismo modo que estas ideas deambulaban por mi cabeza, me autoconvencía con la esperanza de que el día menos pensado mi suerte cambiaría por completo. Tenía que seguir el viaje y tenía que hacerlo por mi familia, por ellos.

Cuando llegué al lugar convenido, un hombre me estaba esperando. Le entregué los cien euros acordados y nos dirigimos a la estación. Cogeríamos un tren con destino a

9 **previsto/a:** vorhergesehen; angesagt (*como previsto:* wie geplant). | **deambular por:** (ziellos) umherstreifen, herumschlendern. | 10 **el aliado / la aliada:** Verbündete(r). | 23 **convenir** (n > ng) **algo:** etwas vereinbaren.

Zuwiya, ciudad fronteriza con Marruecos. Era temprano pero la estación era ya un vaivén de personas de un lado para otro. Me oculté detrás de un puesto de comida cerrado y esperé a que comprase el billete. A lo lejos, una pareja de policías daba vueltas frente a la entrada principal de la estación. Empecé a entrar en estado de shock: me temblaban las manos, la saliva se me acumulaba en la garganta, el sudor me empapaba el rostro.

Corrimos hacia el último vagón y nos colamos en su interior. Atendí a las explicaciones del nuevo guía sin pronunciar palabra. Estaba lleno de personas que como yo querían huir, personas que ponían toda su fe y esperanza en las promesas de embaucadores y negociantes cuyas intenciones quedaban bien lejos del altruismo y la empatía. Eché una ojeada y me senté en un rincón. Durante unos minutos me entretuve observando a los distintos pasajeros. Sus miradas reflejaban miedo y preocupación, era como si pudiese leerles el pensamiento. Estaba tan ensimismado, que tardé un tiempo en percatarme de que el guía, al que os he dicho que ya había pagado para que me ayudase, había salido del vagón por la otra puerta y me había abandonado.

Aún después de tantos engaños, no podía ni puedo evi-

1 **Zuwiya:** Zoudj El Beghal. | 2 **el vaivén:** Hin-und-her-Gerenne, Gewoge. | 5 **dar vueltas** (f. pl.): Runden drehen, patrouillieren. | 7 **la saliva:** Speichel. | **acumularse:** sich (an)sammeln. | 8 **empapar algo:** etwas benetzen/durchtränken. | **el rostro:** Gesicht. | 9 **colarse** (o>ue; fam.): sich hineinschmuggeln/einschleichen. | 13 **el embaucador / la embaucadora:** Betrüger(in) (*embaucar a alg.:* jdn. betrügen). | 14 f. **echar una ojeada:** sich umsehen (*la ojeada:* flüchtiger Blick). | 18 **ensimismado/a:** in Gedanken vertieft, geistesabwesend. | 19 **percatarse de algo:** etwas bemerken/wahrnehmen.

tar sentirme dominado por la ira cada vez que se aprovechaban de mí. Le hubiera arrancado la cabeza a puñetazos si hubiese vuelto a ver a ese estafador. Pero me resistía a que el miedo me sobrepasase. El resto de viajantes se dirigía hacia la misma ciudad, así que les seguiría.

El trayecto era largo. El tren hizo varias paradas. Rezaba para que la policía no subiese a inspeccionar los vagones. Algunos compañeros jugaban a las cartas. Sus risas me trasladaron a las risas con mis hermanos en casa, a las peleas y reconciliaciones incondicionales. Otros charlaban. Un niño se entretenía dibujando nubes en las ventanas empañadas mientras que su madre se esforzaba por mantener los ojos abiertos y no quitarle la vista de encima. Dos mujeres se intercambiaban masajes y cuidados. Una de ellas dejaba ver parte de su espalda amoratada y ensangrentada. Pensar en la causa de ello me hacía temblar. A estas alturas ya había sido testigo de muchas barbaries. Yo ... simplemente observaba y pensaba ...

Nos encontrábamos a una sola parada para llegar a la estación de Zuwiya. El revisor entró en nuestro vagón para comunicarnos que debíamos abandonar el tren antes de llegar a la ciudad ya que los controles eran más exhaustivos en

1 **la ira:** Wut, Zorn. | 2 **arrancarle la cabeza a puñetazos a alg.** (fam.): jdm. den Schädel einschlagen (*el puñetazo:* Faustschlag). | 3 **el estafador / la estafadora:** Betrüger(in), Gauner(in). | **resistirse a algo:** sich gegen etwas wehren. | 4 **sobrepasar algo / a alg.:** etwas/jdn. überrunden; hier: jdn. überwältigen/übermannen. | 8 f. **trasladarse a un lugar:** hier (fig.): sich gedanklich an einen Ort versetzen. | 10 **la reconciliación:** Versöhnung. | 11 **empañado/a:** beschlagen. | 13 **no le quita la vista de encima:** sie lässt es nicht aus den Augen. | 15 **amoratado/a:** mit blauen Flecken, geprellt. | **ensangrentado/a:** blutig. | 22 **exhaustivo/a:** gründlich, ausführlich.

la estación y corríamos bastante peligro de que nos capturasen. A oscuras, nos deslizamos por una rampa y nos ocultamos entre matorrales. El riesgo desmedido de que si nos veían avisarían a la policía hizo que aprovechásemos el camino desolado de las vías del tren para andar en paralelo hasta llegar a Zuwiya. Éramos cincuenta personas. Durante cuatro horas avanzamos en busca de algún paso sin vigilancia que nos permitiese adentrarnos en la ciudad. Nos arrastramos por el suelo, atravesamos túneles, pasadizos. Cada vez que a lo lejos retumbaba el ruido metálico de las ruedas de un tren contra las vías, nos camuflábamos y ocultábamos como camaleones. Pero las fuerzas flaqueaban. Llevábamos muchas horas sin comer ni beber. En cadena, nos cogíamos de las manos para no perder el equilibrio. Muchos de nosotros nos sentíamos mareados. Caminábamos casi inconscientes, destrozados.

Al amanecer la ciudad quedaba cubierta por una niebla densa que ayudaba a que nos fundiésemos en ella como fantasmas. Por fin nos adentrábamos en una zona de calles asfaltadas. Hicimos una parada de media hora para descansar. Uno de los guías aprovechó la ocasión para hacer un recuento. Fue en ese momento cuando se dieron cuenta de que realmente yo no pertenecía al grupo. Sorprendidos, no llegaban a entender como no se habían percatado de mi pre-

2 **deslizarse por algo:** etwas herunterrutschen/heruntergleiten. | 3 **el matorral:** Gestrüpp, Dickicht. | **desmedido/a:** übermäßig groß. | 8 f. **arrastrarse:** kriechen, sich dahinschleppen. | 9 **el pasadizo:** Gang. | 11 **camuflarse:** sich tarnen. | 12 **flaquear:** schwinden, nachlassen. | 14 **el equilibrio:** Gleichgewicht. | 15 f. **inconsciente:** bewusstlos. | 16 **destrozado/a:** entkräftet, ausgelaugt. | 18 **fundirse:** miteinander verschmelzen. | 21 f. **hacer (un) recuento:** eine Zählung vornehmen.

sencia mucho antes. Yo hice por avanzar y desmarcarme de ellos, pero enseguida me cortaron el paso. Les expliqué lo sucedido, como había sido engañado por mi guía y como comido por la desesperación había decidido seguirles. No obtuve ninguna muestra de comprensión. El haber sido engañado no me eximía de la obligación de pagarles a ellos por haber llegado hasta allí. Entre dudas y recelos, finalmente aceptaron recibir mi dinero una vez llegásemos a Marruecos.

Cuando nos incorporamos para reanudar la marcha, un ruido nos sobresaltó y volvió el pánico. Las sirenas de los policías que se abrían paso entre las calles vecinas nos hicieron replantearnos la ruta. A pesar de haber conseguido adentrarnos en la ciudad, no podíamos correr el riesgo de llamar la atención. Por este motivo los guías decidieron formar dos bandos y dividirnos.

Agazapado entre los escombros de una casa en ruinas, miraba el cielo con el deseo de salir ileso de ese nuevo trayecto. Desde hacía un par de días, nos mantenían ocultos, esperando las indicaciones de un nuevo contacto que nos sacaría de allí. Nos habían traído un poco de pan y un pequeño cubo de agua que no sólo usábamos para calmar par-

1 **desmarcarse de alg.:** sich von jdm. absetzen/distanzieren. | 5 **la muestra:** Muster, Probe; hier: Anzeichen. | 6 **eximirse de algo:** sich einer Sache entziehen. | 10 **incorporarse:** sich aufrichten, aufstehen. | **reanudar algo:** etwas wiederaufnehmen/fortsetzen. | 11 **sobresaltarse:** zusammenzucken, (sich) erschrecken. | 12 **abrirse paso:** sich den Weg freikämpfen, sich durchkämpfen. | 13 **replantear algo:** sich etwas neu ausdenken, etwas neu entwerfen. | 16 **el bando:** Partei, Gruppe. | 17 **agazaparse:** sich ducken, sich verstecken. | **el escombro:** Trümmer.

te de la sed que acumulábamos. Me sentía solo, tremendamente solo, y me había dado cuenta que en cuestión de meses había dejado de ser la misma persona.

Parecía que la policía había dejado de patrullar las calles que nos rodeaban. Era el momento perfecto para salir pero teníamos que reunir el dinero exigido por los nuevos guías. Yo aún conservaba parte de lo que había ahorrado en Orán. Como sabéis, lo escondía en la suela de mis zapatos y también en la gomilla de mis pantalones, sin embargo no podía permitirme sacarlo delante de todos ellos. Sabía que de hacerlo se quedarían con todo lo que tenía y no podía consentirlo. Lo mismo le ocurría al resto de personas que se encontraban en la casa.

El ambiente se hacía cada vez más tenso. Estábamos cansados de tantos abusos. Como pudimos fuimos entreteniendo a estos explotadores para ir sacando y recolectando el dinero escondido y por turnos nos fueron sacando de allí en pequeños grupos. Serían alrededor de las once de la mañana.

Adentrarnos ahora en el bosque resultaba la forma más segura de no ser descubiertos. Echamos todo el día en atravesar varias hectáreas de campo. La poca gente que a nuestro paso encontrábamos se apartaba de nosotros como si fuésemos delincuentes. Sus rostros reflejaban desprecio y

2 f. **en cuestión de meses:** innerhalb weniger Monate. | 9 **la gomilla** (dim.) **de pantalones** (m.): Hosenbund. | 11 f. **consentir** (e>ie) **algo:** etwas zulassen/gestatten. | 14 **tenso/a:** angespannt. | 15 f. **entretener** (n>ng) **a alg.:** jdn. ablenken/unterhalten. | 16 **el explotador / la explotadora:** Ausbeuter(in). | **recolectar algo:** etwas (ein)sammeln. | 21 **echar el día en hacer algo:** den ganzen Tag damit verbringen, etwas zu tun. | 23 **apartarse de alg.:** sich von jdm. absondern/entfernen.

rechazo. Una vez atravesamos un monte, el bosque se volvía espeso y umbrío. La luz del sol apenas penetraba entre los árboles. A veces me quedaba algo rezagado, pero enseguida volvía a unirme a mis compañeros para no perderme. Era tal la quietud, que podía oír mi propia respiración. A la caída de la noche comenzó a refrescar. De pronto, empezamos a escuchar voces a lo lejos. Un compañero dio la voz de alarma ¡No podía ser cierto! ¡Era la policía! Despavoridos echamos a correr. Trepé por rocas y salté arbustos evitando tropezar, pero el pánico a que me capturasen hizo que me mareara y caí de bruces. No podía levantarme, habían sido muchas horas de camino y me sentía tan débil que no tenía fuerzas. Estaba convencido que ese sí era mi final. Sólo podía llorar y llorar …

Si ahora estás leyendo esto, es porque evidentemente ese no fue mi final. Supongo que el pánico es incontrolable y te hace exagerar ideas o situaciones. No es la primera vez que hago uso de esta palabra en el relato, perdona por tanta repetición, pero es lo que se siente cuando todos los días ves pasar tu vida de manos de la muerte. ¿Acaso tú no le tienes miedo?

2 **espeso/a:** dicht. | **umbrío/a:** schattig. | 3 **rezagarse:** hinterherhinken (*el/la regazado/a:* Nachzügler[in]). | 7 f. **dar la voz de alarma:** Alarm schlagen. | 8 **despavorido/a:** angsterfüllt. | 9 **trepar:** klettern. | **el arbusto:** Strauch, Busch. | 10 **tropezar** (e>ie): stolpern. | 11 **caer** (a>aig) **de bruces:** aufs Gesicht fallen. | 19 f. **cuando ves pasar tu vida** (f.) **de manos** (f.) **de la muerte:** etwa: wenn dein Leben in Gefahr ist. | 20 **acaso:** vielleicht, etwa.

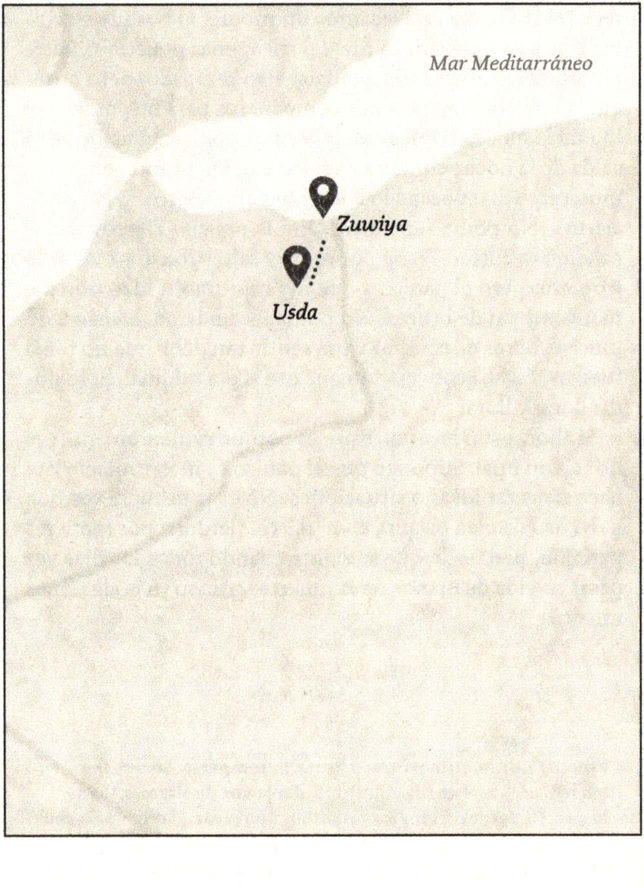
Mar Meditarráneo
Zuwiya
Usda

9
Vivir sin miedo, dormir en paz

Son muchas las ocasiones en las que la vida nos pone a prueba. Conmigo llevaba cuatro meses haciéndolo. No me quedaban lágrimas y estaba llegando a aceptar que mi destino era vivir una carga muy ingrata. Sin embargo, cuando menos te lo esperas, aparece una fuerza interior que nos protege y ayuda y todo coge un nuevo rumbo.

Me llevó un día entero darme cuenta de esto. Las voces que en el bosque oía cada vez más cerca no eran las voces del fin, de la muerte. La vida me sorprendía con el auxilio de dos personas que nos ofrecieron comida y escondite a las afueras. Al caer al suelo, el pánico me hizo perder el conocimiento. Junto con mi grupo, me habían trasladado a una cabaña en ruinas, un amasijo de maderas comido por la humedad y la vegetación que parecía a punto de derrumbarse. El interior estaba oscuro, sólo lo alumbraba el foco de una pequeña linterna apoyada en la pared. El olor a excrementos era nauseabundo. Pasamos la noche en el suelo, sin mantas ni nada con lo que atenuar el frío que hacía pero estábamos tan agotados que esto no supuso inconveniente alguno para que nos durmiésemos.

Fue a la mañana siguiente cuando al despertar, fui consciente de que la vida me había regalado una nueva oportu-

6 **ingrato/a:** undankbar. | 12 f. **el escondite:** Versteck. | 14 **el conocimiento:** Bewusstsein. | 15 **la cabaña:** Hütte. | **el amasijo:** Haufen. | 17 **derrumbarse:** zusammenbrechen. | 19 **nauseabundo/a:** ekelhaft, ekelerregend. | 20 f. **atenuar algo:** etwas lindern/mildern.

nidad. Tenía las rodillas magulladas y un tobillo hinchado. Ya que teníamos que pasar todo el día allí hasta el anochecer, aproveché para reposar y reponer fuerzas. No podíamos salir y el estado de la choza tampoco invitaba a moverse mucho en su interior.

El resto del camino que quedaba hasta llegar a Marruecos era el peor tramo: Predominantemente montañoso y pedregoso. El sol comenzaba a ocultarse y nosotros a incorporarnos para reanudar la marcha. Nos habían advertido que bajo ningún concepto podríamos parar hasta llegar a la frontera. A las cinco de la mañana los guardias que la custodiaban se iban a dormir, así que teníamos que aprovechar ese momento para cruzar. Si nos retrasábamos, habría que esperar forzosamente un día más y no teníamos ni agua ni comida.

En fila india fuimos avanzando a buen ritmo. Superar las adversidades propias de este hábitat fue todo un desafío. Las pendientes eran fuertes y en muchas ocasiones rocosas. Las bajadas eran más complicadas y peligrosas. Se necesitaba una buena condición física y nosotros estábamos al límite. Tras un par de horas, el peso de las pertenencias iba pasando factura. La mayoría se iba desprendiendo poco a poco de las mochilas o ropa. También pesaban los pies. El calzado

1 **magullarse algo:** sich etwas prellen/quetschen. | **hinchado/a:** geschwollen. | 4 **la choza:** Hütte. | 7 **el tramo:** (Strecken-)Abschnitt. | 10 **bajo ningún concepto:** unter keinen Umständen. | 14 **forzosamente:** gezwungenermaßen, zwangsläufig. | 16 **en fila** (f.) **india:** im Gänsemarsch, hintereinander. | 18 **la pendiente:** Abhang. | 19 **la bajada:** Abstieg. | 21 **las pertenencias:** Habseligkeiten. | 21 f. **ir pasando factura** (f.; fig.): sich (allmählich) rächen. | 22 **desprenderse de algo:** sich einer Sache entledigen. | 23 **el calzado:** Schuhwerk.

que llevábamos era poco apropiado y dificultaba la estabilidad de la pisada.

Alejados de cualquier ciudad, respirábamos aire puro. Nuestros ojos se nutrían de diversas tonalidades verdosas y color tierra. El chirrido de algunos grillos, el susurrar del viento o el crujido de las hojas bajo nuestros pies eran algunos de los sonidos de los que disfrutaban nuestros sentidos. De pronto, este encanto se vio interrumpido por los ladridos de un perro que provocó nuestro desasosiego. Atemorizados por la idea de que la policía nos estuviese siguiendo, comenzamos a correr y sin darnos cuenta, nos fuimos dispersando. Estábamos desorientados y no podíamos encender los móviles porque podíamos ser localizados. Tardamos un buen tiempo en volver a reagruparnos todos, por lo que se nos pasaría la hora de atravesar la frontera. No nos quedaba más remedio que pasar la noche allí, entre las montañas.

Nos escondimos en el interior de una gruta durante casi una hora. El frío a esas alturas era insoportable. Me dolían la cabeza y las piernas. Tenía las manos agarrotadas, no podía moverme. Necesitaba orinar y no tuve más remedio que hacérmelo encima más de una vez. Quedarnos allí era toda una locura. Si lo hacíamos, el hambre y el frío acabarían matándonos. Seguir el trayecto también era peligroso. Dividi-

4 **nutrirse de algo:** sich von etwas (er)nähren. | **la tonalidad verdosa:** Grünton (*verdoso/a:* grünlich). | 5 **el chirrido:** Zirpen. | **susurrar:** flüstern, wispern, säuseln; hier: rauschen. | 6 **el crujido:** Rascheln, Knistern. | 8 **el encanto:** Anmut, Zauber. | 9 f. **atemorizarse:** sich ängstigen. | 11 f. **irse dispersando:** auseinanderlaufen (*dispersarse:* sich zerstreuen). | 18 **la gruta:** Grotte. | 20 **agarrotado/a:** steif. | 21 f. **orinarse encima:** sich einnässen, in die Hose machen.

dos por la opinión, comenzamos a discutir. Las posiciones de unos y otros eran opuestas. Para mi sorpresa, la violencia que ya había vivido otras veces en esta ocasión quedó relegada a un segundo plano y el convencimiento por parte de los partidarios de seguir avanzando ganó fuerza. Nos pusimos en marcha a pesar del riesgo de encontrar despierta a la policía.

Las nubes bajas provocaban una niebla densa que no sólo hicieron del frío nuestro compañero de viaje, también dificultaba enormemente nuestra visibilidad. Las situaciones de peligro seguían aumentando. Subíamos y bajábamos montañas totalmente desorientados y, sin querer, nos íbamos adentrando en la boca del lobo. Era una de las montañas más empinadas que habíamos bajado. No teníamos cuerdas ni ningún material con el que aferrarnos al terreno. Un compañero resbaló, causando la caída de dos más en un intento fracasado de sujetarle. Totalmente ajenos a nuestro destino, estábamos a punto de entrar en una base de policías que vigilaban las inmediaciones. Otra vez el ladrido de los perros nos alertó de ello. En un ataque de nervios incontrolados, el guía comenzó a gritar para que nos diésemos la vuelta por donde habíamos venido con la esperanza de que no fuese demasiado tarde. ¡No podíamos dar crédito a lo que estaba sucediendo! Teníamos que subir la montaña que

3 f. **relegar algo a un segundo plano:** etwas in den Hintergrund drängen. | 5 **el partidario / la partidaria:** Befürworter(in). | 13 **adentrarse (meterse) en la boca del lobo** (fig.): sich in die Höhle des Löwen begeben. | 14 **empinado/a:** steil, abschüssig. | 15 **la cuerda:** Seil. | 16 **resbalar:** ausrutschen. | 17 **sujetar algo / a alg.:** etwas/jdn. festhalten. | 19 **las inmediaciones** (pl.): die unmittelbare Nähe. | 23 **dar crédito** (m.) **a algo:** einer Sache Glauben schenken.

tanto nos había costado bajar prácticamente sin fuerzas. El agotamiento crecía y este nuevo sobreesfuerzo nos volvía a desanimar.

La suerte no estuvo del lado de una de las mujeres del grupo y su hijo pequeño. Sus gritos llamaron la atención de los policías. Echamos a correr sin saber muy bien cómo pero ella se quedó atrás y esa fue la última vez que la volvimos a ver. El ruido de los disparos retumbaba en nuestros oídos y en nuestros corazones. Una bala alcanzó a un compañero por la espalda. Cayó de bruces al suelo. Otro cayó en una zanja y se rompió el pie. El hueso le asomaba por la piel. Gritaba poseído por el dolor y se arrastraba a gatas. No era el primer compañero al que había tenido que ver sufrir sin poder ofrecerle ayuda y al que había tenido que abandonar en favor de mi propia supervivencia.

Estábamos a punto de conseguir llegar a Marruecos. El paso al país lo hacíamos a través de un túnel oscuro y estrecho que se abría hueco por una de las últimas montañas del viaje. Diez metros de asfixiante avanzadilla seguida de un nuevo pedregoso, resbaladizo y empinado descenso. La luz de los focos de la policía fronteriza barría el camino. Mientras saltábamos de piedra en piedra teníamos que evitar ser alcanzados por los destellos. ¿Cómo lo conseguiríamos? Teníamos que volvernos invisibles.

Parecía increíble, nos separaban escasos kilómetros del país fronterizo. Durante una hora, seguimos caminando

3 **desanimar a alg.:** jdn. entmutigen. | 11 **asomar:** sich abzeichen, zum Vorschein kommen. | 12 **poseído/a de/por:** besessen von. | **a gatas** (m. pl.; adv.): auf allen Vieren. | 19 **la avanzadilla:** Vormarsch. | 20 **resbaladizo/a:** rutschig. | **el descenso:** Abstieg. | 23 **el destello:** Lichtblitz.

por el filo de una montaña estrecha. Me temblaban las piernas ya que era muy fácil perder el equilibrio. Decidimos entonces continuar la marcha agachados. De esta forma reducíamos los esfuerzos y corríamos menos riesgo de que la policía, vigilando desde sus garitas, nos sorprendiese.

Una montaña más que escalar y alcanzábamos tierra marroquí. Deseaba pisar asfalto, abandonar la madre naturaleza, aunque antes nos esperaba otra vez un bosque. Angustioso, ¿verdad? Sin darme cuenta me rocé con las hojas de algunos matorrales y arbustos. Yo no le eché mucha cuenta en aquel momento, pero poco tiempo después me picaba todo el cuerpo. Al detenerme para rascarme me iba distanciando del grupo. La atenta mirada del guía se aseguraba de que no perdiese el rumbo ¡Qué considerado!, pensaréis. No, no os dejéis engañar. Llegábamos a nuestro destino y él quería recibir su dinero.

Una vez más lo habíamos conseguido. Al fin entrábamos en Usda, la primera ciudad de Marruecos. La emoción y el desconsuelo se reflejaba en nuestros rostros. Sentimientos encontrados por todo lo que habíamos sufrido, los compañeros que habíamos dejado en el camino y haber alcanzado la meta. El precio había sido muy alto. ¿Valdría realmente la pena todo aquello?

Creo que llegados a este punto, tenéis bastantes datos

1 **el filo:** Bergkamm, Rand. | 3 **agachado/a:** geduckt, gebückt. | 5 **la garita:** Wachhäuschen. | 6 **escalar algo:** etwas besteigen/erklimmen. | 10 f. **no echar mucha cuenta** (f.) **en algo:** sich nicht viel bei etwas denken. | 14 **considerado/a:** rücksichtsvoll. | 18 **Usda:** Oujda (marokkanische Wirtschaftsmetropole, zehn Kilometer von der algerischen Grenze entfernt. Die Stadt grenzt im Norden an ein Gebirge, die Küste ist 60 km entfernt). | 19 **el desconsuelo:** Trostlosigkeit, Trübsal.

para haceros una idea de lo que está pasando. Contar todo lo que siento me ayuda a calmarme y aceptar lo vivido, pero no sólo pretendo ayudarme a mí mismo, quiero ayudar a todas esas personas que están a punto de embarcarse en este sinsentido. Confío en vosotros para que también forméis parte de esto.

4 **embarcarse en algo** (fig.): sich auf etwas einlassen. | 5 **el sinsentido:** Sinnlosigkeit, Absurdität.

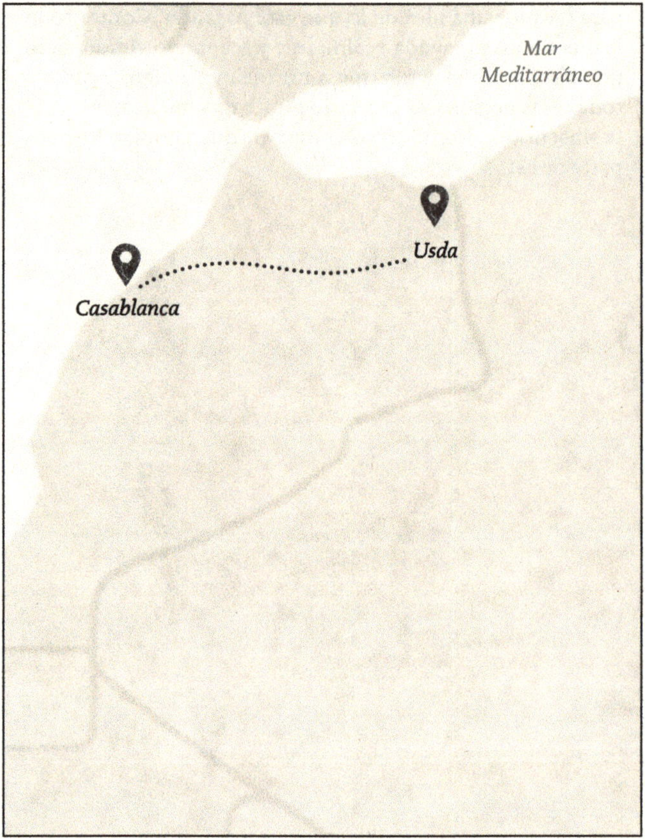
Mar
Meditarráneo
Usda
Casablanca

10
Todos seremos iguales cuando todos miremos igual

Recordar con imparcialidad es lo más difícil de esta vida, sobre todo si las experiencias que has vivido dejan un recuerdo imborrable en ti. Se necesita tiempo para asimilar y entender por qué las cosas suceden a veces de la manera en la que acontecen. Todo lo que hasta ahora he contado es real, es parte de mi historia y en cierta forma de la de muchas otras personas que desgraciadamente también pasan por ello.

Yo era un chico con ilusiones y sueños. Nunca llegas a imaginar lo que se puede liar la vida en un segundo. Nadie te enseña a gestionar tus sentimientos, a estar preparado ante las adversidades que cualquier día pueden abordarte. Sólo tu propia historia llega a convertirse en el más fiel maestro.

Llegados a Usda, los guías del grupo nos llevaron a una casa. Sabía que debía cumplir con mi promesa, había llegado el momento de saldar nuestra deuda. Si quería marchar sano y salvo, tenía que pagar 150 euros. Sólo me quedaban cien. Mis esfuerzos por intentar convencerlos de que no te-

3 **mirar igual:** hier etwa: als gleichwertig ansehen/betrachten. | 4 **la imparcialidad:** Unvoreingenommenheit. | 6 **imborrable:** unauslöschlich, bleibend. | 8 **acontecer:** geschehen, sich ereignen (*el acontecimiento:* Ereignis). | 13 **liarse:** verkomplizieren, durcheinanderkommen. | 15 **abordar algo** (naut.): etwas rammen, mit etwas zusammenstoßen; hier: etwas begegnen. | 20 **saldar una deuda:** eine Schuld begleichen. | 21 **sano/a y salvo/a:** heil, unversehrt, wohlbehalten.

nía más dinero no me ayudaron a escapar de la paliza que me propinaron. Puñetazos, patadas y empujones fueron sus respuestas. Me amenazaron para que llamase a mi familia y me enviasen dinero pero ellos estaban en la cárcel y no podían hacer nada. Aún sigo sin saber cómo, después de mucho, me dejaron marchar.

Decidí ir a buscar una mezquita. Al principio tuve miedo de entrar, pero sabía que era un lugar sagrado y que ahí nadie me haría daño. El imán me recibió muy amablemente. Me proporcionó ropa limpia para cambiarme y me di una ducha. Aproveché la entrada a su interior también para rezar un poco y hablar conmigo mismo. Sentía que debía hacerlo. En ese momento caí en la cuenta de que al cabo del día, eran muchos los musulmanes que frecuentaban el lugar. Todos ellos entraban cinco veces al día para rezar. Jamás pensé que acabaría haciéndolo, pero no era el momento de dilemas morales. Me puse en la puerta y pedí limosna hasta reunir el dinero suficiente para coger un autobús y llegar a Casablanca.

Casablanca es la mayor ciudad de Marruecos. Está considerada el centro comercial y económico del país. Al llegar aquí pensé en llamar a Mouctar, el amigo de mi padre que me ayudó a escapar de prisión y salir de Guinea. Desde que hubiese comenzado mi huida cuatro meses atrás no había contactado con él. Al descolgar el teléfono y escuchar mi voz, sus gritos fueron un satisfactorio reflejo de la alegría que sintió al comprobar que seguía con vida. Me habían da-

2 **propinar algo a alg.:** jdm. etwas verpassen/verabreichen. | 7 **la mezquita:** Moschee. | 13 **caer** (a > aig) **en la cuenta:** etwas wahrnehmen/merken. | 24 **hubiese:** hier: *había.* | 27 **comprobar** (o > ue) **algo:** etwas feststellen.

do por muerto. Se habían resignado a la idea de no volver a verme después de tanto tiempo sin saber de mí. Sentí un gran alivio al contarle todo lo que me había ocurrido hasta llegar a Casablanca. No sé cómo explicarlo, era la primea vez que podía hablar de todo mi sufrimiento con una persona cercana, con alguien que realmente me apreciaba y para quien mis problemas no eran indiferentes.

Mouctar me puso en contacto con una persona de su entera confianza. Este hombre me recogió y me llevó a una casa de estudiantes que él regentaba. Al entrar allí, tuve la sensación por primera vez de que entraba en lo más parecido a un hogar que podía encontrar. El olor a comida recién hecha me trasportaba a la cocina de casa ... Una explosión de olores y sabores conocidos, pero olvidados en el rincón de las sensaciones desterradas por los horrores de la miseria. Aquel cuscús con pollo que comí era el mayor manjar que comía en cientos de días. Fue inolvidable, al igual que la ducha de agua caliente de la que pude disfrutar.

Más animado, llamé nuevamente al amigo de mi padre. Quería agradecerle su ayuda. Añoraba a mi familia, mi vida, la persona que hasta ahora había sido, antes de que esta pesadilla empezase. Me costaba actuar con cordura y no quería seguir atrayendo malos pensamientos. Le dije que quería regresar a Guinea. Había sufrido bastante.

Mouctar me escuchó con paciencia. Una vez más consiguió calmar mi rabia y hacerme comprender que no era el momento indicado. Yo estaba en busca y captura. Si volvía,

10 **regentar algo:** etwas leiten/verwalten. | 15 **desterrado/a:** verbannt. | 16 **el manjar:** Delikatesse. | 27 **estar en busca** (f.) **y captura** (f.): gesucht werden.

el gobierno guineano apresaría al amigo de mi padre. Se enterarían que él fue la persona que me ayudó a huir y lo perdería todo. Después de cómo se había portado conmigo no podía ponerlo en peligro. Jamás me perdonaría que pudiese ocurrirle algo por mi culpa. Debíamos esperar a que se produjese un cambio de régimen en el país. Mientras tanto, él seguiría ayudándome en la sombra.

A los pocos días recibí el dinero que Mouctar me había prometido. La mayor parte de él lo destiné a pagar el alquiler de la habitación. Encontré trabajo y comencé una nueva vida. Durante casi dos meses trabajé en una empresa de paquetería. Los días transcurrían en calma. Me marchaba por la mañana temprano, antes de que saliese el sol, para comenzar a trabajar a las nueve. El trayecto hasta el almacén era largo. Tenía que coger dos autobuses y no podía permitirme retrasarme. A media tarde solía estar libre. A la salida aprovechaba para pasear o comprar algo de comida que podía necesitar ese día para cocinar. Me gustaba la cocina. En casa disfrutaba ayudando a mi madre y aprendiendo a mezclar ingredientes con los que deleitar a mis hermanos.

Nunca olvidaré aquella tarde. Entré en una pequeña tienda a escasos metros de donde vivía. Necesitaba comprar fruta y algo de leche. Al cambiar de pasillo, tropecé torpemente y choqué con una chica a mis espaldas. Al girarnos no pudimos evitar sonreírnos. Su rostro me resultaba familiar pero en ese momento no fui capaz de recordar dónde la había visto antes.

9 **destinar a algo:** für etwas bestimmen; hier: für etwas aufwenden. | 11 f. **la empresa de paquetería** (f.): Paketzustellfirma. | 14 **el almacén:** Lager. | 20 **deleitar a alg.:** jdn. erfreuen. | 22 **escaso/a:** hier: wenig. | 23 f. **torpemente:** ungeschickt.

Dos días después, a la llegada a casa después del trabajo me paré frente al portal del edificio. Buscaba las llaves para entrar. En ese momento se abrió la puerta. Era ella, la chica de la tienda, la que sería mi refugio en mis días de Marruecos. Desde ese día hicimos todo lo posible por coincidir cada tarde a mi regreso del trabajo. Empezamos a conocernos. Nuestros encuentros se reducían a escasos minutos de conversación, pero sin duda eran los mejores minutos del día. Necesitaba pasar más tiempo con ella, así que una tarde al regresar del trabajo la invité a entrar en casa. Me ayudó a cocinar y disfrutamos de una cena inolvidable. Charlamos durante horas, nos reímos y bromeamos. Incapaz de sostenerle la mirada durante más tiempo y algo nervioso, acerqué el rostro lentamente y la besé. Sentí un gran alivio al comprobar que ella no se resistía y que también lo deseaba. No sabía hasta qué punto necesitaba este momento de calma y pasión.

Durante varios días nos vimos a escondidas. No podíamos permitir que nos viesen fuera porque no estaba bien visto que una mujer marroquí estuviese con un negro. Estar con ella era mi ilusión diaria, mi terapia. Con ella olvidaba todo el sufrimiento que cargaba sobre mis espaldas, hasta que un día, al salir de casa para acompañarla, fuimos asaltados por cuatro magrebíes. Me encerraron en un local cercano. Yo no entendía la situación. Me gritaban pero no les comprendía. Por el tono y la forma de expresarse intuía que no se trataba de algo bueno. Podía imaginar que eran insultos, más aún cuando el lenguaje corporal se tradujo en

12 **bromear:** spaßen, scherzen. | 12 f. **sostener** (n > ng) **la mirada de alg.:** jds. Blick standhalten. | 18 **a escondidas** (adv.): heimlich. | 21 **la ilusión:** (Vor-)Freude.

golpes y patadas. Lo recordé: al ser negro, yo no tenía derecho a estar con una mujer marroquí. Tal fue la paliza recibida que acabé totalmente desorientado. Me sangraba la cara, apenas conseguía mantenerme en pie, las piernas me temblaban. Una vez más, el racismo se hacía presente.

Escapé como pude entre tumbos y caídas. Un chico guineano que por allí pasaba me ofreció auxilio. Me llevó a su casa y me ayudó a limpiar y desinfectar las heridas. Le conté lo sucedido. Yo no había hecho nada malo y no merecía ese nuevo castigo. Ante mi angustia, me comentó que él conocía a una persona que podía ayudarme a salir de Marruecos, un tal Hady, y a conseguir la vida de mis sueños. Yo había conseguido algo parecido a ser feliz en esta ciudad pero, ingenuo de mí, me entusiasmé con la idea y quise saber más de esa posibilidad. Me embaucaron con la esperanza de llegar a Europa. Sería un viaje de quince minutos. Al no tener pasaporte, me escondería en un barco militar y no correría ningún peligro. El único problema era que necesitaba bastante dinero, dinero que no tenía.

En ningún momento desconfié de lo que aquel chico me contaba. Mi honestidad no llegaba a imaginar que una persona negra, igual que yo, y procedente de mi mismo país podría engañarme. La mayoría de vosotros os preguntaréis cómo seguimos siendo muchos los que finalmente caemos en este tipo de trampas. Es por ello que os estoy contando esta historia, para que la hagáis vuestra y no dejaros indiferentes después de leerla. Deseo atrapar todos estos instantes para de algún modo hacerlos eternos, no sólo a ellos, también a mis compañeros.

6 **el tumbo:** Sturz. | 13 f. **ingenuo/a:** naiv, arglos, blauäugig.

Volví a llamar al amigo de mi padre para contarle lo que me había ocurrido y pedirle el dinero que necesitaba. Receloso, intentó quitarme esa idea de la cabeza, pero ante mi insistencia aceptó ayudarme. Con el dinero en mi poder, fui a ver al chico guineano. Éste me puso en contacto con Hady. Hablé con él y me prometió llevarme sano y salvo a Europa. Me esperaría en Nador. El viaje en autobús hasta allí duró doce horas. Hady me dio indicaciones para que me bajase del autobús antes de entrar en la ciudad. En el punto acordado me esperaría un taxi que me reuniría con él en Karrier.

Nunca dejes de tener esperanza. Aunque la vida se empeñe en asfixiarte, lucha por seguir respirando. Siempre queda algún momento de luz. Agarra ese momento y no lo sueltes.

10 **acordado/a:** vereinbart. | 12 f. **empeñarse en algo:** stur auf etwas beharren.

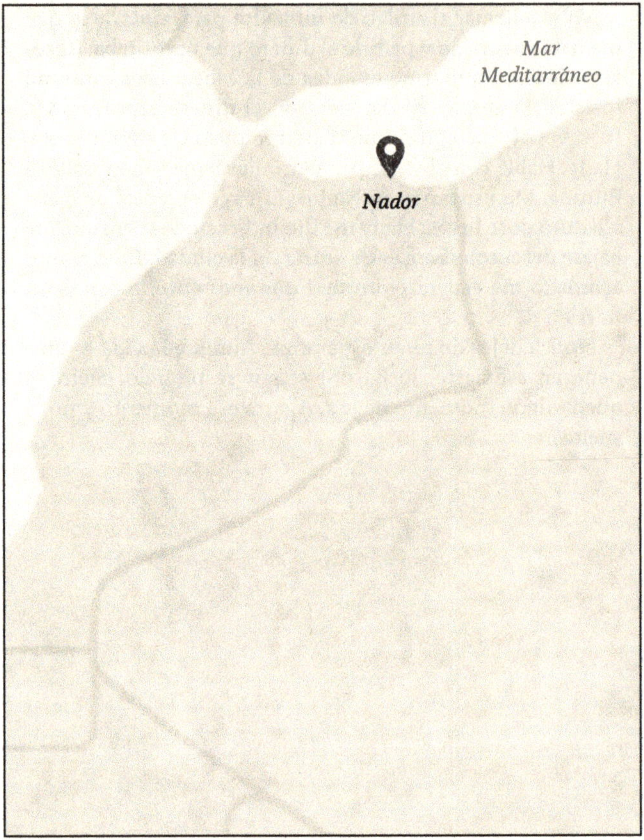
Mar
Meditarráneo
Nador

11

Cada vez que se traza una frontera, alguien se queda fuera

El tipo que me esperaba en el taxi no me inspiraba mucha confianza. Su aspecto lánguido, poco aseado y desafiante me hizo dudar de si montar en el vehículo o no. Lo pensé unos segundos, pero no tenía muchas alternativas, el autobús había seguido su camino y el punto en el que nos encontrábamos estaba totalmente desierto. Al entrar le pregunté su nombre. Un silencio implacable fue mi respuesta. Le volví a preguntar si podía decirme hacia dónde nos dirigíamos. Tampoco me contestó. Aquel hombre no estaba dispuesto a intercambiar ni una sola palabra conmigo. Sus deseos de comunicación eran nulos.

Nador es una ciudad marroquí situada a escasos metros de la frontera con Melilla. Desde 1998 se han construido tres vallas para dificultar el acceso a la ciudad de Melilla. Son tres vallas que no dejan indiferente a nadie. Son muros que imponen, sobre todo si piensas en la cantidad de personas que pierden la vida intentando saltarlos. Nador es una parada clave para todos los inmigrantes. Si no tienes dinero, la única posibilidad de intentar entrar en territorio español es saltando estas vallas. Si eres de los que puedes permitirte

2 **trazar algo:** etwas ziehen/zeichnen. | 5 **lánguido/a:** niedergeschlagen, kraftlos; hier: träge. | 10 **implacable:** unerbittlich. | 19 **imponer** (n > ng): imponieren. | 20 f. **la parada clave:** Schlüsselstation, wichtiger Haltepunkt (*la clave:* Code, [auch fig.] Schlüssel…).

pagar, el bosque es tu guarida hasta que logras embarcar para vértelas con el mar.

Representaba el final del trayecto, la puerta hacia el destino que llevaba persiguiendo, sin saberlo, desde hacía ya meses. Nunca imaginé lo que allí me encontraría. El paisaje era precioso. Desde el coche podía vislumbrar la tranquilidad del mar, la belleza de la naturaleza entre los bosques y montañas en las que nos íbamos adentrando. Esta calma sin embargo tenía los minutos contados. Me bajé del vehículo totalmente desconcertado. Tras ese paraje idílico se escondían cientos de refugiados. Campamentos de inmigrantes que como yo esperaban su turno para embarcar rumbo a Europa.

Preocupado, comencé a caminar. No sabía hacia dónde dirigirme. Las personas allí se guarecían en tiendas fabricadas de cartones y plásticos. Las pocas pertenencias que tenían se apilaban entre los desperdicios. Cazuelas con restos de comidas que algunos niños aprovechaban para llevarse a la boca. Baños improvisados. Hombres durmiendo a la intemperie. Mujeres sufriendo abusos sexuales. Otro fiel ejemplo en la tierra de las calamidades escondidas tras un sistema migratorio fallido.

Estaba enfurecido. Esto no tenía nada que ver con lo que Hady me había prometido ¿Por qué siempre ocurría lo mismo? ¿Por qué se volvía a repetir la historia? Todo eran falsas promesas. Dejé mi casa sin conocer lo que me espe-

1 **la guarida:** Versteck; auch: Höhle, Bau. | 2 **vérselas con algo** (fam.): sich etwas gegenübersehen. | 10 **idílico/a:** idyllisch. | 17 **apilarse:** sich stapeln, sich türmen. | **los desperdicios** (pl.): Abfälle. | 19 f. **a la intemperie:** im Freien. | 22 **fallar:** fehlschlagen, scheitern, misslingen. | 23 **enfurecido/a:** wutentbrannt, rasend.

raba. No tenía ni idea de los kilómetros que tendría que hacer a pie, de las noches que pasaría en la calle, en estaciones o casas abandonadas, de las palizas y abusos que sufriría, de los días sin comer ni beber. ¿Cuándo acabaría este calvario?

Me senté junto a un árbol. Un hombre se me acercó. Yo no le resultaba familiar. Las personas que llegan a Nador pueden pasar semanas, incluso meses, en estos campamentos antes de probar mejor suerte. Él trabajaba para Hady, se encargaba de vigilar el bosque y a los inmigrantes que llegaban. Al nombrarlo, supuse que podría confiar en él. Le conté que me habían prometido llevarme a una casa hasta que el viaje en barco estuviese organizado. Que todo aquello debía tratarse de algún error. Yo había pagado lo que me habían pedido, no podía conformarme sin más. Si esto me hubiese sucedido meses atrás, posiblemente hubiera asimilado el engaño y hubiese esperado como el resto. Pero yo había cambiado. Mi visión de la vida era distinta. Había sufrido tanto que dejaba de valorar mi propia vida. El riesgo ya no era mi enemigo. Saqué el teléfono y lo llamé. No consentiría que me ningunease y le exigí que cumpliese con su palabra.

Era ya de noche cuando un coche llegó a recogerme. Iluso de mí, pensé que en cuestión de minutos podría darme una ducha, comer y descansar al fin. Cuando me hablaron de la casa donde esperar hasta embarcar, imaginé que se trataría de una casa como la de Casablanca pero todo se quedó en una mera fantasía. Después de volver en mí tras asimilar

5 **el calvario** (rel.): Kreuzweg, Leidensweg; hier: Tortur, Qual. | 21 **ningunear a alg.:** jdn. ignorieren/übergehen. | 23 f. **iluso/a:** naiv, leichtgläubig. | 28 **mero/a:** bloß, rein.

la situación, intenté buscar el lado positivo de aquello, un reto totalmente imposible. Ahora entenderéis por qué: sesenta personas compartían dos habitaciones, un baño y una reducida cocina, por llamarla de alguna forma, el espacio justo de un fogón donde calentar la comida que el dueño de la casa compraba. La historia vivida en Argelia volvía a repetirse.

Repartidos en tres grupos, la gente allí tenía que hacer turnos para ir al baño y cocinar. Una auténtica peripecia. Con sólo una olla para todos, la mezcla de sabores resulta espeluznante, al igual que la mezcla de olores en lo que pretendía ser el aseo. El propietario de este estercolero era marroquí. Todas las noches teníamos que darle dinero para que al día siguiente hiciese la compra y nunca traía lo que le pedíamos. Esta fue mi rutina durante dos semanas. Posiblemente, estar en la cárcel hubiera sido más placentero.

Una noche aquel marroquí llegó a la casa más borracho que de costumbre y fuera de sí. Ante sus insultos y provocaciones nos sacó de allí en un alarde de bravuconería. Cogimos un machete y aprovechamos el incidente para escapar. La gente que vivía en los alrededores salió a nuestro encuentro, no para ofrecer ayuda, no … Nos gritaban, arrojaban piedras, basura … Corrimos y corrimos durante horas hasta adentrarnos en un bosque. A salvo por el momento, decidimos llamar a Hady quien nos envió varios coches para trasladarnos a un lugar más seguro. Escondidos en el

5 **el fogón:** Herd. | 9 **una auténtica peripecia:** ein (wahres) Abenteuer (*la peripecia:* Zwischenfall). | 10 **la olla:** Kochtopf. | 11 **espeluznante:** haarsträubend. | 12 **el aseo:** Toilette. | **el estercolero:** Saustall. | 16 **placentero/a:** angenehm, gemütlich. | 19 **el alarde de bravuconería** (f.): (Anfall von) Großtuerei. | 22 f. **arrojar algo:** etwas werfen.

maletero por si nos encontrábamos con la policía, viajamos durante un par de horas. Si queríamos seguir el camino con vida teníamos que darles más dinero. Ante las amenazas les dimos lo poco que ya nos quedaba y anduvimos durante otra hora más hasta llegar a un nuevo bosque.

Sin importar el bosque o monte al que nos acercásemos, la situación volvía a ser la misma: Grupos de subsaharianos sentados alrededor de un fuego, guarecidos entre pinos. Condiciones higiénicas infrahumanas. Cubos de basura. Bunkers improvisados. Se escondía mucho sufrimiento, historias de personas que un día emprendieron un largo camino para buscar un final mejor, un final feliz para ellos y los suyos.

Deambulamos de un lado para otro con la esperanza de que nos hiciesen un hueco. Llegados a este punto, había asumido el hecho de que tendría que esperar aquí al igual que los demás hasta la llegada del barco. Me senté junto a una roca y me dormí. No puedo precisar qué hora sería, pero no quedaba mucho para que amaneciese. De repente, el ruido de la gente gritando me despertó. Todos corrían de un lado para otro recogiendo lo imprescindible: mantas, la poca comida que tenían y algo de ropa. Sabían que la policía Bumbula no tardaría en llegar para desmantelar el campamento.

¡Esperad! Os explico algo. En África, la palabra Bumbu se utiliza para hacer referencia a un aterrador ser legendario que asusta a las personas. Sus orígenes e historias varían según la región o la tribu, pero por lo general tiene las mismas

1 **el maletero:** Kofferraum. | 21 **lo imprescindible:** das Allernötigste. | 23 **desmantelar algo:** etwas auflösen/räumen. | 26 **aterrador/a:** schrecklich, schreckenerregend.

connotaciones. El hecho de que la policía que arrasa los bosques de Nador sea denominada de esta forma está en estrecha relación con lo que para los que alguna vez hemos estado o están allí representa. Lo entendéis, ¿verdad?

Frecuentemente, la policía Bumbula abate los bosques quemando y arrasando con todo cuanto encuentran a su paso, pegando y maltratando a quienes no logran escapar e incluso violando a las mujeres. Por este motivo, no había más remedio que esconderse en las montañas más altas y peligrosas. Sin dudarlo me colgué mi mochila y corrí tras el grupo hacia los picos más escarpados. No podía aceptar la derrota, no podía consentir que tanto sufrimiento fuese en vano. No había más opción, seguir arriesgándome o morir.

Actualmente, el número de migrantes subsaharianos en situación irregular en Marruecos es superior al que podéis imaginar. Atrapados a las puertas de Europa, viven expuestos a situaciones que les discriminan, les excluyen y les marginan. ¿No nos merecemos todos ser tratados de forma digna y humana, independientemente de nuestra situación legal?

1 **arrasar algo:** etwas verwüsten, dem Erdboden gleichmachen. | 5 **abatir algo:** etwas niederreißen. | 11 **escarpado/a:** steil. | 12 **la derrota:** Niederlage. | 15 **la situación irregular:** ungeregelter, illegaler Status (*la inmigración irregular:* irreguläre Einwanderung). | 16 f. **estar expuesto/a a algo:** etwas ausgesetzt sein. | 18 **marginar a alg.:** jdn. ausgrenzen/diskriminieren.

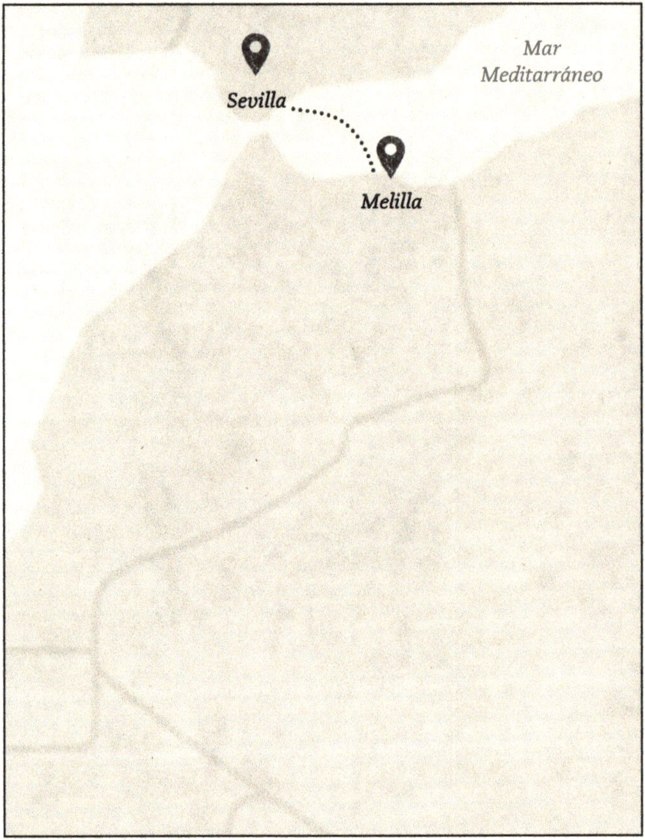
Mar
Meditarráneo
Sevilla
Melilla

12
El océano

Mar inmenso, mar azul. Mar lejano, embravecido. Mar solitario, alborotado, sosegado, vasto. Mar eterno, verdoso. Mar descubierto, sereno, profundo o picado. Mar oscuro, limpio. Mar infinito, mar hermoso, mar dormido … Mar maldito.

Mar … en cada una de sus múltiples y posibles formas. Mar impasible, inquieto o enfurecido. A ratos de una forma, a ratos de otra según sople el viento. Escenario de miles de historias, ladrón de vidas pero al mismo tiempo fuente de inspiración y serenidad. Siéntelo cerca y tu mundo se para, mi mundo también … Me hundo, no puedo respirar, lo intento, pero no quedan fuerzas … Me duermo … oscuridad.

Eran alrededor de las doce del mediodía cuando por fin la calma hizo posible que regresásemos al campamento. Desde lo más alto de la montaña un continuo llanto de terror y desesperación envolvía el ambiente. Éramos testigos de cómo la policía arrasaba cuanto encontraba a su paso: ropa,

3 **embravecido/a:** stürmisch, tosend. | 3 f. **solitario/a:** einsam, öde. | 4 **alborotado/a:** aufgewühlt, ungestüm. | **sosegado/a:** ruhig, still. | **vasto/a:** weit, groß. | **eterno/a:** endlos. | 5 **sereno/a:** heiter, gelassen (*la serenidad:* Gelassenheit, Gleichmut). | **picado/a** (náut.): kabbelig (unruhige, aufgewühlte See aus kurzen, aufeinandertreffenden Wellen). | 7 **maldito/a:** verflucht, bösartig, teuflisch. | 9 **impasible:** teilnahmslos, emotionslos. | **inquieto/a:** unruhig, ruhelos. | 18 **el llanto:** Weinen, Jammern, Klagen. | **el terror:** (panische) Angst.

casonas, alimentos … mientras apresaban a los desafortunados que no fueron capaces de huir para enviarlos de vuelta a sus países.

El recuerdo del miedo y el hambre que durante varios días más pasé allí en las montañas aún me hace estremecer. Los días se sucedían con tal monotonía que nos resultaba indiferente que fuese de día o de noche. No teníamos nada que comer. Poco a poco me fui debilitando hasta casi enfermar. Los dolores de cabeza eran insoportables, tanto o más que el dolor de estómago provocado por la incontrolable hambruna. Pasaba las horas tumbado, completamente desmotivado e incapaz de tener ni un solo pensamiento positivo. A veces me costaba discernir la realidad de la fantasía. El debilitamiento me llevaba a caer en un sueño profundo y angustioso del que luego me costaba despertar. Era como si una fuerza incontrolable quisiese atraparme para llevarme de una vez por todas a un infinito descanso.

Pero entonces la vi. Claramente la vi. Era ella … Su rostro reflejaba templanza y fuerza: mi madre me miró y me inyectó la energía que tanto necesitaba para tener el valor suficiente de llamar a Hady y exigirle una vez más que cumpliese con el trato que habíamos hecho.

Pasadas cuarenta y ocho horas vinieron a buscarnos, a mí y a otras sesenta personas. Nos dijeron que había llegado el momento de coger el barco que nos llevaría a España. El anhelo de alcanzar lo prometido y el ansia de abandonar aquel maldito lugar nos hizo subir sin la más mínima obje-

11 **la hambruna:** Hungersnot, Hunger. | 19 **la templanza:** Milde, Mäßigung. | 26 **el anhelo de algo:** Sehnsucht nach etwas (*anhelar algo:* sich nach etwas sehnen). | **el ansia** (f.): Verlangen, Sehnsucht. | 27f. **la objeción:** Einwand, Einspruch.

ción a aquella furgoneta. Apilados y comprimidos como si fuésemos animales viajamos durante unos veinte minutos. Tuvieron la deferencia de quitar las ventanas de arriba para que entrara aire y pudiésemos respirar. Por fin estábamos cerca, ya se sentía, se olía, se veía, por fin, ahí estaba ... El mar. ¿Nuestra salvación o nuestra agonía?

Bajé de la furgoneta buscando el barco. Quería verlo. Deseaba montar en él y poner fin a toda esta pesadilla. Miraba de un lado para otro cada vez más desesperado. ¿Dónde estaba? ¿Qué estaba ocurriendo? En ese momento aparecieron cuatro marroquíes. El mundo se me vino encima. La agonía del miedo a lo que realmente estaba ocurriendo me paralizó. Una patera hinchable nos esperaba a orillas del infinito azulado. No podía avanzar, no quería avanzar. Todo el mundo comenzó a gritar. Sabíamos que montar ahí era precipitarnos hacia el suicidio. El cabecilla de los marroquíes se vino hacia mí. Me golpeó en el estómago, en la cara y a empujones me montó en la patera junto con el resto de los compañeros. No me dejaría escapar de allí con vida y antes de que pudiésemos reaccionar habían arrancado el motor y nos adentrábamos rumbo a España.

Ahí estábamos ... En medio de la nada ... Los gritos de pánico y el llanto habían cesado. Nadie se atrevía a hablar, a romper el único sonido que nos acompañaba desde hacía unos minutos, el de las olas rompiendo contra la goma cada vez más deteriorada por el peso de la cantidad de personas

3 **tener** (n>ng) **la deferencia de hacer algo:** so höflich sein und etwas tun. | 6 **la agonía:** Todeskampf. | 11 **el mundo se me vino encima** (fig.): die Welt brach für mich zusammen. | 13 **la patera hinchable:** Schlauchboot (*la patera:* Flüchtlingsboot). | 16 **el/la cabecilla:** Anführer(in), Kopf. | 23 **cesar:** aufhören.

apelmazadas en la patera. El viento era otro compañero de viaje más. A veces amigo, otras enemigo y de vez en cuando ausente. Poco a poco las horas fueron pasando hasta que llegó la noche. Sumidos en una oscuridad envolvente estábamos completamente desorientados. No teníamos ningún foco de luz y por supuesto nada que comer o beber. Resignados intentamos descansar y esperar a que llegase la mañana siguiente para probar mejor suerte. Reclinado en el hombro de un compañero cerré los ojos y lloré. Lloré mucho hasta coger el sueño y escapar de mis pensamientos.

En otras circunstancias hubiera deseado disfrutar de un amanecer tan espectacular como el del siguiente día, pero en esa ocasión mis deseos eran otros. No tengo palabras para describir aquel espectáculo de colores. Al abrir mis ojos el cielo se había teñido de un color anaranjado y rosáceo. El sol se elevaba por el horizonte como una gran bola de fuego a punto de estallar. Nos sentíamos afortunados de haber sobrevivido a aquella noche en la patera.

Esperanzados en la mejoría de un día nuevo, a las pocas horas comprobamos que la situación era la misma. Cada vez que creíamos acercarnos al horizonte este se alejaba más. Así, una y otra vez ... Sólo me quedaba rezar. Ni yo ni ninguno de los demás podíamos intentar cambiar la situación. Perdidos en medio de la nada nos sentíamos los más desafortunados del mundo, indefensos, vulnerables y engañados. Presentía que lo peor estaba aún por venir, algo en

1 **apelmazar algo:** etwas zusammenpressen. | 4 **sumirse en algo:** in etwas versinken. | **envolver** (o>ue) **algo / a alg.:** etwas/jdn. umhüllen. | 8 **probar (mejor) suerte** (f.): (mehr) Glück haben. | **reclinarse en/contra algo/alg.:** sich an/gegen etwas/jdn. (an)lehnen. | 15 **anaranjado/a:** orange(farbig). | **rosáceo/a:** rosa(rot).

mi interior me lo decía y así fue. De repente la patera se rompió. El estruendo provocado por el estallido de la goma rompió la calma del momento. En segundos, este vino acompañado de desgarradores gritos de terror ante la repentina caída al agua. Ahora sí, la lucha por sobrevivir era más fuerte que nunca. Todo lo sufrido en estos meses atrás había desaparecido de mi mente. Me enfrentaba cara a cara con la muerte, los dos solos en un angustioso duelo del que sinceramente pensaba sería el absoluto perdedor. Ya está, Ibrahim. Aquí termina tu viaje.

Después de más de tres horas haciendo lo imposible por no hundirnos, las fuerzas comenzaban a fallar. Algunos compañeros se agarraban desesperados a los pequeños trozos flotantes que emergían en la superficie. Todos llorábamos. Nos intentábamos ayudar unos a otros pero el pánico y la lucha individual por la supervivencia no nos daba muchas opciones. El frío calaba nuestros huesos y el cansancio nos ganaba terreno. El mar iba dominando poco a poco la batalla y engullendo cada vez más presas. Mis compañeros se iban hundiendo uno a uno. Yo había conseguido aferrarme a un trozo de madera. Desilusionado, abatido, destrozado ... no me quedaban fuerzas para seguir sosteniéndome. Como si de una alucinación se tratase, los gritos de un com-

2 **el estruendo:** Lärm, Krach. | **el estallido:** Zerplatzen (*estallar:* bersten, platzen, explodieren). | 4 **desgarrador/a:** erschütternd, herzzerreißend (*desgarrar algo:* etwas zerreißen). | 4 f. **repentino/a:** plötzlich, jäh, unerwartet. | 8 **angustioso/a:** beängstigend. | 12 **fallar:** hier: schwinden, nachlassen. | 14 **emerger** (g>j): auftauchen. | 17 **el frío calaba nuestros huesos:** Die Kälte ging uns bis auf die Knochen (*calar algo:* etwas durchnässen, durchdringen). | 19 **engullir algo:** etwas verschlingen. | **la presa:** Beute. | 22 **sostenerse** (n>ng): sich festhalten.

pañero consiguieron reanimarme. Se atisbaba un barco a lo lejos. ¡Era nuestra salvación! A pesar de nuestras escasas fuerzas, los gritos de auxilio tronaban y desgarraban el ambiente con la única esperanza de que en aquel barco se percataran de nuestra presencia. Temblaba de miedo, rabia y desesperación ante la posibilidad de que pasaran de largo y se escapase la única esperanza de salir de allí con vida. No puedo transmitiros la emoción que sentí cuando vimos que el barco giraba y se aproximaba hacia donde estábamos. Esta vez, mis lágrimas por fin eran de alegría. Esta vez sí lo había conseguido.

Tres botes salvavidas se desprendieron de aquel barco y vinieron en nuestro auxilio. Nos abastecieron a todos con agua, comida y mantas. Por primera vez en mucho tiempo me sentía tranquilo, relajado y a salvo. Cerré los ojos y me dormí. Me despertaron al llegar a Almería. Me sentía muy cansado y débil. Me sentaron en una silla de ruedas y me trasladaron en ambulancia al hospital de la capital. Estaba tan aturdido que tardé bastante tiempo en recuperar la conciencia por completo. El ir y venir de gente, el estridente ruido de voces, pero esta vez todo era diferente: abrí los ojos y observé sorprendido que estaba rodeado de mujeres y hombres ataviados con batas blancas del mismo color de su piel. Una de estas personas se acercó a mí y me preguntó: ¿Eres Ibrahim? Yo, que aún creía estar en un sueño, asentí y volví a cerrar mis ojos.

1 **atisbar algo / a alg.:** etwas/jdn. erspähen. | 3 **tronar** (o>ue): donnern. | 6 **pasar de largo:** vorbeifahren. | 12 **el bote salvavidas:** Rettungsboot. | 13 **abastecer** (c>zc) **a alg. con algo:** jdn. mit etwas versorgen. | 17 **la silla de ruedas** (f.): Rollstuhl. | 18 **la capital:** hier: Großstadt. | 20 **estridente:** schrill. | 23 **ataviar:** herausputzen, schmücken. | **la bata:** Kittel.

A la mañana siguiente, vinieron a buscarme y me llevaron a comisaría. Allí llevaron a cabo el registro de mis datos personales y solicitaron trasladarme a Sevilla, donde me habían asignado una plaza dentro de un Centro de Acogida para Inmigrantes. Una nueva realidad me aguardaba. Estaba a salvo. O, al menos, eso pensaba.

4 f. **Centro de Acogida para Inmigrantes:** Aufnahmezentrum für Immigranten.

Agradecimientos

A Conchi Castro Márquez,
José Jesús Muñoz (Kuny),
Antonio Grunfeld
y Rocío Sánchez.

Ibrahim Bah

Refugiado político en España nacido el 10 de octubre de 1994 en Guinea Conakry. Mayor de cinco hermanos.

Es estudiante de Derecho desde la motivación de llegar a ser un gran abogado y luchar en contra de la injusticia en África, a la que considera su país. Debido a lo insostenible de la situación en su tierra, tuvo que sacrificar su vida abandonando y dejando atrás todo lo que tenía a cambio de nada. Llegó a España en 2019, tras un tortuoso viaje, para comenzar una nueva vida haciendo lo posible por sobrevivir.

Desde entonces busca la manera de ayudar a las personas que se encuentran en su misma situación trabajando para diferentes ONG. En ellas se encarga de realizar performances, sensibilizaciones y talleres.

Se decidió a escribir este libro para que el mundo conozca la realidad que esconden las migraciones y tender su mano a todo aquel que lo necesite y así sientan que no están solos.

24f. **tender la mano:** die Hand ausstrecken.

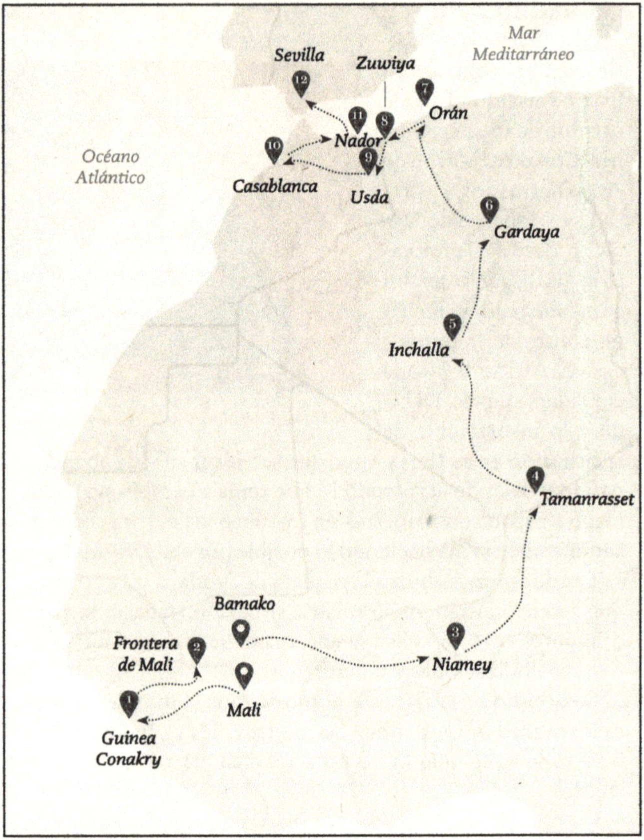
Mar
Meditarráneo
Sevilla
Zuwiya
Orán
Nador
Océano
Atlántico
Casablanca
Usda
Gardaya
Inchalla
Tamanrasset
Bamako
Frontera
de Mali
Niamey
Mali
Guinea
Conakry

Editorische Notiz

Der spanische Text folgt der Ausgabe: Ibrahim Bah, *Tres días en la arena*, Madrid: La Imprenta, [2]2022.

Das Glossar enthält alle Wörter, die nicht im *Thematischen Grund- und Aufbauwortschatz Spanisch* von José María Navarro und Axel J. Navarro Ramil (Stuttgart: Klett, Aktualisierte Auflage 2022) enthalten sind. Dabei wird der Grundwortschatz in der Regel als bekannt vorausgesetzt. Wörter, die zum Aufbauwortschatz zählen, sind bei Bedarf hier erklärt. Bei Begriffen, die leicht aus dem Deutschen oder Englischen ableitbar sind, wurde auf eine Erklärung verzichtet.

Im Glossar verwendete spanische Abkürzungen

adv.	adverbio (Adverb)
alg.	alguien, alguno (jemand)
cult.	cultismo (bildungssprachlicher Ausdruck)
dim.	diminutivo (Verkleinerungsform)
f.	femenino (weiblich)
fam.	lenguaje familiar (umgangssprachlich)
fig.	sentido figurado (sinnbildlich, übertragen)
inf.	infinitivo (Infinitiv)
jur.	jurídico (juristisch, rechtlich)
lit.	literatura (Literatur)
loc.	locución (Redewendung)
lat.	latín (lateinisch)
m.	masculino (männlich)
náut.	náutico (Seefahrts…)
part.	participio (Partizip)
pl.	plural (Plural)
pol.	político (politisch)
rel.	religioso (religiös)
sg.	singular (Singular)
superl.	superlativo (Superlativ)
téc.	técnico (technisch)

Interview mit dem Autor

Erfreulicherweise hat sich Ibrahim Bah bereit erklärt, den Herausgebern ein Interview per E-Mail zu geben.

¿Cómo se encuentra tu familia en Guinea Conakry? ¿Tienes noticias regulares de ellos?
Mi familia está bien. Lo perdieron todo el año que yo migré, y soy consciente de que psicológicamente no se han recuperado al cien por cien. Actualmente envío recursos con regularidad, y hablo a diario con ellos. Se están volviendo a ubicar en una sociedad continuamente cambiante, con inestabilidad política y social.

En tu libro, antes de comenzar el relato de tu viaje, dedicas un capítulo a explicar tus orígenes familiares. ¿Cómo es de importante la familia para tu cultura? ¿Notas alguna diferencia cultural con Europa?
Comencé explorando mis raíces, guiado por la convicción de que la familia es la base esencial. Mi cultura africana trae conciencia de nuestras raíces, pero también encuentro aquí, en la *tierra prometida*, personas arraigadas en su linaje e historia. Presentar esta perspectiva es clave para comprenderme.

En el capítulo 2 dices que tu madre es senegalesa. ¿Por qué no intentaste volar a Senegal?
Yo huí: no podía coger mi documentación, no pude disponer de tiempo para pensar, hacer la maleta, o llamar a mis

8 **los recursos** (pl.): Geld, finanzielle Unterstützung. | 10 **ubicarse:** sich zurechtfinden/orientieren. | 17 f. **la conciencia:** Bewusstsein. | 19 **arraigado/a:** verwurzelt.

familiares en Senegal. Salí de la cárcel porque tuve suerte y me ayudaron a escondidas. No podía desplazarme de manera pública. Yo no sabía siquiera que me dirigía a Mali hasta que llegué a la frontera de ese país.

En el capítulo 3 escribes que tuviste un billete de 5000 francos CFA en la frontera con Burkina Faso. ¿Qué se puede comprar con cinco mil en tu país en la «vida normal»?
5000 francos CFA son tres comidas al día durante dos días para una familia de tres personas.

En el capítulo 9 nos revelas que llevabas un teléfono móvil. ¿Lo tuviste durante todo el viaje? ¿Alguna vez estuvieron a punto de quitártelo? ¿Lo llevan normalmente los inmigrantes que vienen de África?
En la travesía migratoria, la disponibilidad del teléfono depende más de la legalidad y la calidad del viaje. Para muchos migrantes, el trayecto ilegal impide recargarlo. Perdí el mío en Argelia, confiscado antes de encarcelarme para torturarme y ver si llevaba algo más.

¿Te resultó difícil escribir el libro en español, que no es tu lengua materna?
Claro que sí. Pero esto también me ayudó a seguir aprendiendo el español, que ahora hablo perfectamente.

Tu libro termina en Sevilla, en un centro de acogida, con estas palabras: «Estaba a salvo. O, al menos, eso

2 **a escondidas:** heimlich. | **desplazarse:** hier: sich bewegen.

pensaba. ¿Estabas a salvo? ¿Cómo son los llamados Centros de Internamiento de Inmigrantes en España?»

Responder a eso sería un gran *spoiler* de mi segundo libro, actualmente en edición. Aunque exploré contextos institucionales en España, mi viaje no terminó en Sevilla. La seguridad es relativa; sin papeles, nunca estás realmente a salvo. E incluso cuando estás en situación regular, hay otros riesgos para nosotros, de los que prefiero hablar en la segunda parte de mi historia Tres años en la Tierra Prometida.

¿A qué te dedicas ahora? ¿Cambiarías España por otro país europeo?

Soy profesor de baile, conferenciante, escritor y empresario. Prefiero España, pero no por su sistema migratorio. Además, su ubicación geográfica es privilegiada para mi actividad empresarial.

¿Qué opinas sobre la política migratoria española y europea?

Creo que el sistema es un engaño. No juega a favor de las personas, es un laberinto burocrático, herencia directa de un neocolonialismo enrevesado, que tiene como fin último hacer distinciones entre personas buenas y malas. Las malas siempre son migrantes, racializadas y/o personas precarizadas.

5 **en edición:** im Lektorat beim Verlag. | 19 **el engaño:** Täuschung, Irreführung. | 20 **la herencia:** Erbe. | 21 **enrevesado/a:** verworren. | 23 **racializado/a:** ethnisiert, einer anderen Ethnie zugehörig. | 23 f. **precarizado/a:** verarmt.

¿Qué piensas sobre la percepción que tiene la opinión pública sobre los movimientos migratorios de África a Europa?
La percepción pública de los movimientos migratorios no es uniforme. La noción simplista de que el Sur migra por falta de recursos y para aprovechar el Norte es un marketing que distorsiona la realidad de la riqueza de África. Concienciarnos es clave; la verdad es más compleja.

¿Qué le dirías hoy a un joven africano que quiere arriesgar su vida cruzando el Mediterráneo?
Le aconsejaría tener claros sus objetivos al migrar de África a Europa. Desde mi experiencia, la vida europea no siempre justifica dejar atrás hogar y sueños. Europa no es la solución a los problemas africanos, a pesar de lo que nos cuentan allí.

En España hay infinidad de africanos que, como tú, han sobrevivido a un viaje muy peligroso. ¿Se habla de ello entre la comunidad migrante, o es un pasado que se silencia o se intenta olvidar?
Hay de todo. Pero en general no se habla. La gente prefiere pasar página. Yo he pasado por eso. Pero también he aprendido que *callarse* no es una solución permanente ni a largo plazo. Cuando guardas adentro tus experiencias traumáticas no te sientes del todo visto ni oído, y en consecuencia no haces conexiones reales con las demás personas.

7 **distorsionar:** verzerren. | 7f. **concienciarse:** sich sensibilisieren, sich ein Bewusstsein schaffen. | 13 **el hogar:** Zuhause. | 15 **infinidad de:** unzählige. | 20 **pasar página** (f.): das Kapitel abschließen. | 21f. **a largo plazo:** auf lange Sicht (*el plazo:* Frist; zeitlicher Rahmen).

¿Qué es lo que más te gusta de España?
La comida.

¿Cómo ves tu futuro en España?
Prometedor. Pero tengo en cuenta que mi objetivo es volver a mi país algún día. O más bien tener la estabilidad económica, social y familiar, para mantener un puente entre mi país y éste.

¿Te gustaría volver alguna vez a tu país de origen, aunque sólo sea de visita?
Echo mucho de menos a mi familia y mi país. Estoy deseando volver, ya estoy planeando el próximo viaje.

¡Muchas gracias por tu tiempo y por la entrevista!
De nada. Un placer.

Eduardo Fresco Barbeito und Lutz Walther

Irreguläre Einwanderung nach Spanien – ein kurzer Überblick

Die Landgrenze. Spanien ist ein Staat, dessen Gebiet sich auf zwei Kontinenten befindet: Europa und Afrika. Der afrikanische Teil besteht zum einen aus den Kanarischen Inseln, die vor der Küste von Westsahara liegen und etwa 1100 Kilometer vom spanischen Festland entfernt sind, und zum anderen aus den beiden einzigen Landgrenzen der EU auf dem afrikanischen Kontinent, den Städten Ceuta, 28 Kilometer südlich von Gibraltar, und Melilla, etwa 160 Kilometer von der spanischen Küste entfernt. Zusammen haben beide eine etwa 18 Kilometer lange Landgrenze zu Marokko.[1] Eine kleine Grenze, die aber eine gigantische kulturelle, politische und wirtschaftliche Asymmetrie beinhaltet und konkret aus drei Zäunen (einem marokkanischen und zwei spanischen) besteht, die von Wärmebildkameras und mehr als 2200 spanischen Polizisten bewacht werden.[2] Die Migrationspolitik Spaniens (und der EU in

1 Daten des spanischen *Instituto Geográfico Nacional, Atlas Nacional de España*, in: www.ign.es. Um den außergewöhnlichen Charakter von Melilla zu verstehen, siehe den Bericht: »Melilla y la excepcionalidad fronteriza«, in: *porCausa Análisis*, https://porcausa.org/wp-content/uploads/2019/02/MELILLA_y_la_excepcio anlidad_fronteriza_porCausa_FEB_2019.pdf

2 Laut einem Bericht der Weltbank, der in »Melilla y la excepcionalidad fronteriza« (s. Anm. 1), zitiert wird, beträgt das Einkommensgefälle zwischen beiden Seiten der Grenze 9 zu 1. – Die Zahl 2200 stammt aus einer schriftlichen Anfrage an den spanischen Senat, 684/15843, vom 28/03/2017, Eintrag 43864, https://www.

dieser Region) lässt sich mit einer noch nicht lange zurückliegenden Maßnahme veranschaulichen: Im Jahr 2020 wurde aufgrund von Protesten von Menschenrechtsorganisationen der umstrittene Stacheldrahtzaun – ein mit Klingendraht (NATO-Draht) bestückter Zaun, der eine unbekannte Anzahl von Toten und Verstümmelten verursacht hat – auf der spanischen Seite der Grenze entfernt und auf die marokkanische Seite verlegt. Die Änderung des Zauns kostete fast 200 Millionen Euro. Sie wurden für die Verlagerung der Grenzüberwachung auf die marokkanische Seite gezahlt.[3]

An den Grenzen von Ceuta und Melilla haben sich etliche menschliche Tragödien abgespielt. Migrant:innen campieren an nahe gelegenen Orten (Berg Gourougou bei Melilla, Camp Ben Younes [oder Younech] bei Ceuta)[4] und warten monate-, manchmal jahrelang auf einen günstigen

senado.es/web/expedientdocblobservlet?legis=12&id=44746 [Ceuta: 487 Policías Nacionales, 603 Guardias Civiles, und Melilla: 553 Policías Nacionales und 648 Guardias Civiles, zusammen 2291 Polizisten]. Vgl. auch: »El Gobierno contesta a VOX que Ceuta cuenta con 594 guardias civiles y 500 policías nacionales«, in: *Ceutaldia.com*, https://www.ceutaldia.com/articulo/politica/gobierno-contesta-vox-que-ceuta-cuenta-594-guardias-civiles-500-policias-nacionales/20210904141944236510

3 Vgl. Lucía Muñez Lucena, »Menos concertinas y más altura: colectivos de Melilla y Ceuta denuncian que las nuevas vallas continúan vulnerando los derechos humanos«, in: *Público*, https://www.publico.es/sociedad/melilla-ceuta-concertinas-altura-colectivos-melilla-ceuta-denuncian-nuevas-vallas-continuan-vulnerando-derechos-humanos.html

4 Vgl. Alicia Fernández García, »Allí, en el campamento llamado Ben Younech, esperan el momento idóneo para intentar dar el sal-

Zeitpunkt, um über den Zaun zu klettern oder von einem Strand zum anderen zu schwimmen. Das Überqueren des Zauns erfolgt in der Regel in Gruppen, um der Polizei auf beiden Seiten das Eingreifen zu erschweren, was immer wieder zu schweren Stürzen, Verletzungen und Todesfällen führt. Am 16. Februar 2014 versuchten etwa 90 Personen über den Grenzübergang am Strand von El Tarajal nach Ceuta zu gelangen. Sie wurden von der spanischen Guardia Civil unter Einsatz von Gummigeschossen zurückgedrängt. 14 Menschen ertranken; weitere 23 wurden nach Marokko abgeschoben (ein Verfahren der direkten Ausweisung, das in Spanien als *devolución en caliente* [heiße Rückführung] bekannt ist und jeden formellen Antrag auf Asyl verhindert). Bis heute ist kein Verantwortlicher vor Gericht gestellt oder verurteilt worden.[5] Ein weiteres Beispiel: Am 24. Juni 2022 versuchten rund 2000 Menschen zumeist sudanesischer Herkunft, den dreifachen Grenzzaun im Abschnitt Barrio Chino in Melilla zu überwinden. Beim Eingreifen der Polizeikräfte auf beiden Seiten der Grenze kamen mindestens 37 Menschen ums Leben (Amnesty International spricht von 100), mindestens 76 wurden vermisst. Trotz der schrecklichen Bilder von Polizeimisshandlungen, die der Presse zugespielt wurden, gibt es bis heute keine abschließende Untersuchung des Vorfalls.[6]

to a la valla de Ceuta«, https://www.unilim.fr/trahs/index.php?id=2416&lang=en.

5 Vgl. »Caso Tarajal. 15 muertes y nueve años de impunidad«, in: *Comisión Española de Ayuda al Refugio*, https://www.cear.es/caso-tarajal/

6 Alberto Senante, »Tragedia en la valla de Melilla: Un año de impunidad tras la masacre«, in: *Amnistía Internacional*, https://www.

Die Seegrenze. Aufgrund der verstärkten Überwachung der Landgrenze entscheiden sich die Migrant:innen nun immer häufiger für den Seeweg. Um über die Straße von Gibraltar nach Europa zu gelangen, muss eine Strecke von mindestens 14 Kilometern zurückgelegt werden, eine eher unwahrscheinliche direkte Linie. Von Afrika zu den Kanarischen Inseln sind es gut 100 Kilometer; von Algier nach Palma de Mallorca gut 300. Es gibt Belege für Fahrten von 450 Kilometern in Schlauchbooten und bis zu 840 Kilometern in Holzbooten.[7] Der irreguläre Seeverkehr ist so groß, dass die spanische Sprache seit Jahren neue Wörter für die zerbrechlichen und überfüllten Boote erfindet, mit denen die Einwander:innen die spanische Küste erreichen: *Cayucos, pateras, toys* – Holzboote oder Spielzeugboote aus aufgeblasenem Gummi.[8] Es ist nicht schwer, kaputte

es.amnesty.org/en-que-estamos/blog/historia/articulo/tragedia-en-la-valla-de-melilla-nunca-mas/

7 Vgl. »El recorrido sin precedentes de una de las pateras llegada a Canarias: 450 kilómetros en una lancha de goma«, in: *El Diario*, https://www.eldiario.es/canariasahora/sociedad/recorrido-precedentes-pateras-llegada-canarias-450-kilometros-lancha-goma_1_9928421.html; oder auch: »La ruta mortal a Canarias: Preferí jugarme la vida en el mar a seguir sufriendo en África«, in: *Público*, https://www.publico.es/sociedad/migracion-ruta-mortal-canarias-preferi-jugarme-vida-mar-seguir-sufriendo-africa.html

8 Die *cayucos* sind Boote für etwa 200 Personen, die *pateras* für 30 Personen und die *toys* für zehn Personen. Vgl. Bericht der Stiftung ProCausa »Recorrido migratorio: 30 años de muertes en el Estrecho«, in: *porCausa*, S. 2, https://porcausa.org/wp-content/uploads/2018/11/Documento-v7.pdf. Der Bericht ist eine detaillierte Jahresübersicht über die Migrationstragödien in den Gewäs-

Boote an den Stränden Südspaniens zu finden, verlassen von denen, die es geschafft haben, nach der zermürbenden Interkontinentalüberquerung lebend anzukommen.

Die Sterblichkeitsrate. Nach Angaben des spanischen Innenministeriums kamen zwischen 2018 und 2022 mehr als 147 000 irreguläre Einwander:innen über die Westgrenze Europas und Afrikas nach Spanien. Das sind durchschnittlich 118 pro Tag.[9] Man sollte jedoch beachten, dass diese Einreisezahlen nicht die Verluste an Menschenleben beinhalten, die hinter jeder irregulären Einreise stehen. Die Nichtregierungsorganisation Walking Borders schätzt, dass im selben Zeitraum mehr als 11 500 Menschen (6 pro Tag) bei dem Versuch, die Grenze von Süden nach Norden zu überqueren, ums Leben gekommen sind, wobei sie aus etwa 31 verschiedenen Ländern kamen.[10] Diese unvollständigen Berechnungen beruhen auf der Überwachung des Grenzübertritts auf dem Land- und Seeweg und sagen

sern der Meerenge zwischen 1988 und 2018. Die Stiftung schätzt, dass in diesem Zeitraum allein in der Straße von Gibraltar 6714 Menschen ums Leben kamen.

9 Vgl. die vom spanischen Innenministerium veröffentlichten Jahresberichte über irreguläre Einwanderung unter https://www.interior.gob.es/opencms/es/prensa/balances-e-informes/. Die offiziellen Zahlen zur irregulären Einwanderung an der Südgrenze lauten wie folgt: 2018: 64 298 irreguläre Einwander:innen; 2019: 32 513; 2020: 41 861; 2021: 41 945; 2022: 31 219; 2023: 56 852.

10 Vgl. Caminando Fronteras: »Víctimas de la necrofrontera, 2018-2022. Por la memoria y la justicia«, in: *caminandofronteras.org*, S. 41, https://caminandofronteras.org/wp-content/uploads/2023/01/Informe-Victimas-de-la-necrofontera-2018-2022.-Por-la-memoria-y-la-justicia-ES.pdf

nichts über die Opfer im Inneren Afrikas aus – eine Zahl, die wir nie erfahren werden, von der wir aber aufgrund von Zeugenaussagen, wie der von Ibrahim Bah, annehmen können, dass sie sehr hoch ist.[11]

Die Migrationspolitik. Auf der spanischen Seite wird die Seegrenze seit 1999 durch das von der Guardia Civil koordinierte Überwachungssystem SIVE (*Sistema Integrado de Vigilancia Exterior* [Integriertes Außenüberwachungssystem]) kontrolliert, das auch zur Bekämpfung des Drogenhandels eingesetzt wird. Ein wichtiger Teil der EU-Migrationspolitik wurde an Drittländer delegiert, was als Externalisierung der Einwanderungsbegrenzungspolitik (*externalización de las políticas de contención de la inmigración*) bezeichnet wird: bilaterale oder multilaterale Abkommen, die sich zu einer Migrationskontrollindustrie herauskristallisiert haben, die jährlich Millionen von Euro umsetzt.[12] Diese Praxis hat ihre Folgen. So hat eine kürzlich durchgeführte Untersuchung, die sich auf durchgesickerte Tonaufnahmen stützt, eine stillschweigende Vereinbarung zwischen den spanischen Behörden (*Salvamento Marítimo*) und der marokkanischen Gendarmerie aufgedeckt, wonach die Rettungseinsätze nördlich und südlich des 35°50' Breitengrades aufgeteilt werden und jeder Staat von den Rettungseinsätzen im jeweils anderen Sektor ausgeschlossen wird. Dieses Abkommen wurde als »schlechte Praxis« bei der Rettung von Menschen auf See angepran-

11 Siehe z. B. den Dokumentarfilm *El camino* (2020) des spanischen Regisseurs und Historikers José Manuel Colón, der Aussagen von Migrant:innen sammelt und veröffentlicht.

12 Vgl. »La industria del control migratorio«, in: *porCausa*, www.industriacontrolmigratorio.porcausa.org

gert und von Migranten- und Flüchtlingsorganisationen als eine der Hauptursachen für vermeidbare Todesfälle bezeichnet.[13]

Die Ursachen. Die Ursachen der Migration von Afrika nach Spanien sind in erster Linie Gewalt (insbesondere Krieg) und Armut. Beide sind das Ergebnis einer ungerechten internationalen Ordnung, die auf der Unerbittlichkeit der globalen Wirtschaft, der Korruption vor Ort, der ökonomischen Ausbeutung der Natur durch den Westen, den steigenden Lebensmittelpreisen und den lokalen geopolitischen Umwälzungen (Arabischer Frühling, Aufstände in der Rif-Region 2017 usw.) beruht.[14] Einige Kritiker:innen verweisen auf die stillschweigende oder faktische Toleranz der europäischen Regierungen gegenüber irregulären Migrant:innen, die das Land erfolgreich erreichen, da illegale (und damit billige) Arbeitskräfte für das reibungslose Funktionieren des Produktionssystems, insbesondere auf dem Lande, nach wie vor notwendig sind.[15]

13 Vgl. den Dokumentarfilm *Paralelo 35° 50′* (2021) von Sergio Rodrigo, zitiert in »El documental *Paralelo 35° 50′* viaja a la frontera imaginaria con Marruecos para las operaciones de rescate en el mar«, in: *El Diario*, https://www.eldiario.es/andalucia/malaga/documental-paralelo-35050-viaja-frontera-imaginaria-marruecos-operaciones-rescate-mar_1_8323979.html

14 Vgl. z. B.: »Víctimas de la necrofrontera« (s. Anm. 10) oder »Four Decades of Cross-Mediterranean Undocumented Migration to Europe«, in: *International Organization for Migration*, S. 18, https://publications.iom.int/system/files/pdf/four_decades_of_cross_mediterranean.pdf

15 Im Jahr 2017 wurden 785 irreguläre Einwander:innen aus Spanien ausgewiesen, ein Drittel der eingeleiteten Ausweisungsverfahren und ein geringer Teil der 825 000 Einwander:innen, die sich

Die regionale Geopolitik. Auf der konkreten Ebene wird die spanische Migrationsrealität insbesondere durch den südlichen Nachbarn Marokko beeinflusst. Hinter den immer wiederkehrenden diplomatischen Krisen zwischen beiden Ländern steht der lange und komplexe Konflikt um die Westsahara – ein wertvolles Territorium, das Marokko als sein Eigentum betrachtet und seit 1975 militärisch besetzt hält und in dem Spanien noch heute eine Verwaltungsmacht ist, sich jedoch weigert, als solche zu handeln. Hinzu kommen die Ansprüche Marokkos auf die Kanarischen Inseln, Ceuta und Melilla, die nach marokkanischer Ansicht von Spanien besetzt sind und zurückgegeben werden sollten, um den Wunsch nach einem Großmarokko zu erfüllen. Diese Situation erklärt das Auf und Ab der marokkanischen Migrationspolitik, die darin besteht, den Migrationshahn auf- und zuzudrehen, je nachdem, ob es der Finanzierung der Grenzkontrollen oder der Durchsetzung der eigenen Expansionsbestrebungen dienen soll, indem man Spanien dahingehend erpresst, dem Verlangen Markokkos nach der Einverleibung Westsaharas nachzugeben.[16]

Die Zukunft. Im internationalen Kontext gesehen scheint sich die Situation der irregulären Einwanderung

in einer irregulären Situation befinden. Vgl. Pastora Filigrana García, »Las mentiras de la inmigración ordenada«, in: *ctxt.es*, https://ctxt.es/es/20181219/Firmas/23531/Pastora-Filigrana-mentiras-inmigracion-respuesta-a-Lant-Pritchett.htm

16 Vgl. »Ceuta: 4 claves que explican la llegada récord de miles de migrantes desde Marruecos a España en dos días«, in: *BBC News Mundo*, https://www.bbc.com/mundo/noticias-internacional-57160361

nach Europa nicht zu ändern – Gewalt und Armut verschaffen dem Nachbarkontinent keine Atempause (Afrika hat zwischen 2020 und 2023 neun Staatsstreiche erlebt).[17] In einer Welt, die von diktatorischen Regimen, Korruption, Energieknappheit, teuren Nahrungsmitteln und geopolitischen Ungleichgewichten geprägt ist, tritt nun ein weiterer apokalyptischer Reiter auf den Plan: die globale Erwärmung und Klimaflüchtlinge als eine ihrer Folgen. Wie viele Menschen wie Ibrahim Bah werden wohl noch den Wüstensand durchqueren?

Eduardo Fresco Barbeito

17 Vgl. José Ramón Pérez, »Golpes de Estados en África en los últimos tres años«, in: *Newtral*, https://www.newtral.es/golpes-estado-africa/20230901/

Inhalt